# कहाँ खो गई बेटियाँ...



*लेखक*

**डॉ. मनोहर अगनानी**

*अनुवादक*

**एस.के. सक्सेना**

वाणी प्रकाशन का 'लोगो'
विख्यात चित्रकार मक़बूल फ़िदा हुसेन की
कूची से



ISBN : 978-81-8143-644 -3

वाणी प्रकाशन
21-ए, दरियागंज, नयी दिल्ली-110002
द्वारा प्रकाशित
प्रथम हिन्दी संस्करण : 2007

आवरण : के. बी. अबरो
परफैक्ट वांइडर्स, नोएडा
द्वारा मुद्रित

मूल्य : 150.00

KAHAN KHO GAYI BETIYAN
by : Dr. Manohar Agnani
Translated by : S.K. Saxena

.vaniur.eps-P1.assg K

खो गई बेटियों के नाम

# विषय सूची

# प्रस्तावना

इस पुस्तक की प्रस्तावना लिखते समय मुझे प्रसन्नता कई कारणों से हुई। प्रथम तो यह कि इस पुस्तक के लेखक मनोहर अगनानी लाल बहादुर शास्त्री, राष्ट्रीय प्रशासन अकादमी, मसूरी में मेरे छात्र रहे हैं। आधिकारिक रूप से तो इन्हें प्रशिक्षु अधिकारी या ऑफिसर ट्रेनी कहा जाता है। परंतु मैं इन्हें छात्र ही मानता हूँ, क्योंकि छात्र शब्द ही मेरे और उन सैकड़ों युवा अधिकारियों (जो मेरी तीन वर्ष की वहाँ की पदस्थापना में उच्च सिविल सेवा के लिए नये-नये भर्ती हुए थे) के मध्य विकसित हुए आत्मिक संबंधों को सही रूप में परिभाषित कर सकता है। मुझे अकादमी छोड़े एक दशक से अधिक का समय बीत चुका है, फिर भी वे संबंध बने हुए हैं, यद्यपि वे सभी छात्र देश भर में दूर-दूर तक बिखरे हैं और मैंने वर्ष 2002 में भारतीय प्रशासनिक सेवा को छोड़ने का निर्णय लिगा। मैं उनके संबंध में एक शिक्षक की भांति ही सोचता हूँ, और हालांकि मेरी और उनकी आयु में अधिक अंतर नहीं है, फिर भी वे मुझे अपने बच्चों जैसे ही लगते हैं। मैं उस समय भावुक हो जाता हूँ जब मेरी देशव्यापी यात्राओं में बहुत सारे मुझे कहीं आत्मीयता से मिल जाते हैं और अपनी सफलताओं या दुविधाओं के संबंध में चर्चा करते हैं। मुझे जब यह ज्ञात होता है कि वे अपने सिद्धांतों पर ईमानदारी, करुणा और न्याय से दृढ़ संकल्पित होकर कायम हैं, तो बड़ा गर्व होता है।

ऐसा ही गर्वित मैं तब हुआ जब मनोहर ने मुझसे इस पुस्तक की प्रस्तावना लिखने को कहा। यह आनंद तब और दोगुना हो गया जब मैंने मध्यप्रदेश में उसके कैरियर को दूर से जानकर यह महसूस किया कि वह अपेक्षा के अनुरूप अपनी प्रतिबद्धताओं के लिए दृढ़ संकल्पित रहे हैं। मैंने अकादमी में उनके द्वारा बिताये गए दिनों का स्मरण किया जो प्रतिज्ञाएँ उन्होंने उस वक्त की थीं, समय के साथ उन सभी को उन्होंने निभाया भी। वह दहेज के प्रबल विरोधी थे, जबकि उनके कई साथी अपने लाभकारी वैवाहिक संबंधों के आधार पर ही अपने भाग्य और धन संपदा को तीव्र गति से बढ़ा रहे थे। उन्होंने गुरुद्वारे में बहुत ही साधारण शादी करने पर जोर दिया। हालाँकि मैं अनीश्वरवादी हूँ फिर भी मैं सिहर जाता हूँ, जब मैं गुरुग्रंथ साहिब के उस उद्धरण को पढ़ता हूँ जो उन्होंने अपनी इस पुस्तक में उद्धरित किया है। वह गुरुग्रंथ साहिब की एक प्रार्थना को स्मरण करते हैं, ''हे मेरे पिता मुझे विवाह के तोहफे एवं दहेज के रूप में प्रभु का नाम दे, अन्य कोई दहेज जो मन्मुख हमें दिखाने को देता है केवल मिथ्याभिमान तथा व्यर्थ का दिखावा है।''

यह बहुत उपयुक्त है कि मनोहर लिंग चयन आधारित गर्भपात के कारण 'कहाँ खो गईं बेटियाँ...!' विषय पर एक पुस्तक लिखें। सिविल सेवा के क्षेत्र में आने के पूर्व एक चिकित्सक रह चुके इस लेखक ने बड़े साहस के साथ चिकित्सकों तथा कानून का पालन कराने वाले अधिकारियों के बीच के भ्रष्ट संबंधों को उजागर किया है तथा यह भी दर्शाया है कि यदि इच्छाशक्ति हो तो किस प्रकार सख्ती से नियम, कानून का उपयोग करते हुए उन लोगों को दंडित किया जा सकता है जो बिना किसी डर के कानून को मुँह चिढ़ाते हैं और बेटियों को उनके जीवन के अधिकार से वंचित कर रहे हैं। यह कोई विशेष बात नहीं कि उनके प्रयासों को उच्च अधिकारियों द्वारा पलट दिया गया, लेकिन यह असफलता नहीं है बल्कि यह अन्य लोगों के लिए मार्ग प्रशस्त करती है, वे आगे आएँ और विजयी हों।

मनोहर ने विस्तार से अपने अभियान को वर्णित किया है। अपराध की खोजबीन करने, अपराधियों पर शिकंजा कसने तथा कानून का प्रभावी रूप से उपयोग करने के तौर-तरीकों का भी विस्तृत वर्णन किया है, परंतु यह सब इस पुस्तक में समाहित अमूल्य विषयवस्तु का केवल अंशमात्र है। उन्होंने बिगुल बजाकर एक शुरुआत कर दी है और जनगणना के आँकड़ों

का उपयोग करते हुए अँधेरे के उन क्षेत्रों को भी उद्‌घाटित किया है जहाँ यह प्रवृत्ति सर्वाधिक प्रबल है। यह क्षेत्र पंजाब, हरियाणा, दिल्ली, गुजरात, राजस्थान, महाराष्ट्र तथा उत्तर प्रदेश हैं तथा सिख और जैन धार्मिक समुदाय भी इनमें सम्मिलित हैं। उन्होंने युगों-युगों से चली आ रही लिंग आधारित असमानता की परंपराओं और उनके समकालीन दहेज प्रथा जैसे स्वरूपों को भी रेखांकित किया है।

वे जनसंख्या स्थिरीकरण के शासकीय अभियान की इसलिए आलोचना करते हैं क्योंकि यह महिला-पुरुष की समानता पर, न सिर्फ भारत में ही अपितु चीन में भी इसके विनाशकारी परिणामों के संबंध में मौन हैं। जनस्वास्थ्य संदेशों की भी उनकी आलोचना उचित ही है। उनके अनुसार इन संदेशों में पितृसत्तात्मकता तथा संरक्षात्मकता दिखाई देती है और इसमें महिला को केवल गर्भधारण करने की ही उपयोगिता वाले कार्य तक ही सीमित दिखाया जाता है।

गर्भपात के संबंध में उनकी स्थिति बहस करने योग्य है। वे इजराइल मॉडल पर आधारित कानून का सुझाव देते हैं जिसे वे 'दखल देने वाले' कानून की संज्ञा देते हैं। इसमें सभी गर्भपात के मामलों में राज्य की सहमति या अनुमोदन आवश्यक है। इससे सोनोग्राफी के बाद सभी प्रकार के गर्भपातों को नियमित करने में मदद मिलेगी, लेकिन वे व्यवस्था में भ्रष्टाचार तथा राज्य के इस प्रकार के अनधिकृत प्रवेश से महिलाओं की स्वतंत्रता, उनके विकल्प व माध्यम खोजने की स्वतंत्रता पर पड़ने वाले विपरीत प्रभाव को कम आँक रहे हैं।

तथापि उनके अन्य अधिकांश सुझाव निरपवाद हैं। वे मानते हैं कि किसी अन्य नये कानून की आवश्यकता नहीं है। वर्तमान कानून में कमजोरी या कमी केवल क्रियान्वयन की ही है। वे इस संबंध में अनेक विस्तृत व उपयोगी सुझाव भी प्रस्तुत करते हैं कि कैसे इन्हें सामाजिक और समाजिक-चिकित्सकीय अंकेक्षण से सशक्त किया जा सकता है। वे लोगों का आह्वान करते हैं कि विभिन्न किस्म की जनगणना तथा चिकित्सालयी आँकड़ों का परीक्षण करें ताकि विपरीत लिंगानुपात की प्रवृत्तियों को खोजा जा सके। वे चिकित्सालयी रिकॉर्ड्स के कंप्यूटरीकरण तथा अंकेक्षण का भी सुझाव देते हैं। यही सब उनकी प्रभावशाली चुनौतियों को व्यक्त करने का

आधार है जिसे उन्होंने कलेक्टर, मुरैना एवं शिवपुरी के रूप में प्रस्तुत किया था।

इस पुस्तक से अनेक अतिव्यावहारिक एवं मूल्यवान बातें सीखी जा सकती हैं कि कानून का उपयोग किस प्रकार किया जाए ताकि हम अपने समय के सबसे बड़े अपराध—बालिकाओं की सामाजिक हत्या—से लड़ सकें। इस सबके अतिरिक्त सत्यता यह है कि अति सुंदर वर्णित तथ्यों से परिपूर्ण यह लघु पांडुलिपि बड़े उल्लास, उत्कंठा और फिक्रमंदी से जगमगा रही है। यह इसे और भी पठनीय बनाता है।

मैं उम्मीद रखता हूँ कि सच्चाई, साहस ओर संवेदना के पथ पर मनोहर हमेशा चलते रहें और सामाजिक समानता की इस लड़ाई में वे और हम सब विजयी हों।

2 अक्तूवर, 2007 **हर्ष मन्दर**

# लेखक की कलम से

सितंबर 2006 में कन्या भ्रूण हत्या विषय पर मेरी अंग्रेजी में लिखित पुस्तक 'मिसिंग गर्ल्स' का प्रकाशन हुआ। पुस्तक को पढ़ने के बाद मुझे मेरे साथियों एवं शुभचिंतकों ने इस पुस्तक के हिंदी संस्करण की आवश्यकता संबंधित परामर्श दिया, और परिणामस्वरूप पुस्तक का हिंदी संस्करण आपके हाथ में है।

डेनमार्क से मास्टर आफ इंटरनेशनल हेल्थ पाठ्यक्रम पूरा करने के उपरांत जब मैं वापस आया तो मुझे मध्य प्रदेश के मुरैना जिले में कलेक्टर एवं जिला दंडाधिकारी के पद पर तैनात किया गया। इस जिले की पारस्परिक पहचान एक पुरुष प्रधान समाज की है जहाँ कन्या शिशु वध होता रहा है। अल्ट्रासाउंड तकनीक के प्रयोग में आने के बाद से कन्या शिशु वध का स्थान अब कन्या भ्रूण हत्या ने ले लिया है। मुरैना में जिला प्रशासन ने चिकित्सकीय समुदाय के इस घृणित कार्य में संलग्न न होने के लिए पर्याप्त प्रयास किए, लेकिन चिकित्सकों के व्यवहार में अपेक्षित परिवर्तन न आने के कारण सात चिकित्सकों के लायसेंस निरस्त करने पड़े। राज्य अपीली प्राधिकारी ने जिला समुचित प्राधिकारी के आदेश को निरस्त कर सभी सातों लायसेंस पुनः बहाल कर दिए। यह आदेश जिले में कन्या भ्रूण हत्या के विरुद्ध छेड़े गए अभियान के मार्ग में एक अवरोध साबित हुआ क्योंकि यह आदेश उस प्राधिकारी द्वारा पारित किया गया था, जिसे राज्य भर में कानून के समुचित क्रियान्वयन का उत्तरदायित्व दिया गया है। यद्यपि राज्य अपीली प्राधिकारी ने यह स्वीकार किया कि दोषी केंद्रों द्वारा उपयुक्त एवं आवश्यक रिकार्ड संधारित नहीं किया गया है, लेकिन फिर भी इस तथ्य को पंजीयन निरस्त करने हेतु गंभीर अनियमितता नहीं माना।

राज्य अपीली प्राधिकारी के इस निर्णय से व्यथित होकर मुरैना के अशासकीय संगठनों 'प्रयत्न' एवं 'धरती ग्राम उत्थान' ने मध्य प्रदेश उच्च न्यायालय की ग्वालियर खंड पीठ में एक जनहित याचिका दायर कर दी, जो कि अभी भी न्यायालय में विचाराधीन है।

पिछले दो-तीन वर्षों से मुझे देश भर में आयोजित अनेक कार्यशालाओं में इस विषय पर अपने अनुभव बाँटने के लिए आमंत्रित किया जाता रहा है। इन कार्यशालाओं में हुई चर्चाओं में विभिन्न नीति संबंधी मुद्दों को उजागर किया गया है जो कि इस समस्या के विविध आयामों को प्रस्तुत करते हैं। इनमें से कुछ प्रमुख मुद्दे हैं—छोटे परिवार के ऐसे सिद्धांत पर बल जो लिंग आधारित भेदभाव से पूर्णतः अनभिज्ञ है, उदार गर्भपात कानून तथा उसके फलस्वरूप कन्या भ्रूण हत्या पर पड़ने वाले प्रभाव जो जनसंख्या में गंभीर असंतुलन के कारक हैं। यह भी एक चिंताजनक स्थिति है कि लैंगिक समानता और महिला सशक्तीकरण से संबंधित सभी कार्यक्रमों में नीतिगत स्तर पर विपरीत लिंगानुपात की समस्या से अनभिज्ञता है। जो प्रचार-प्रसार सामग्री अब तक तैयार की गई है वह पितृसत्तात्मक या संरक्षणात्मक है। महिलाओं को केवल उपयोगिता मात्र की स्थिति में ही दिखाया गया है जो कि उनकी प्रतिष्ठा के अनुरूप नहीं है।

इन सब अनुभवों से मुझे प्रतीत हुआ कि लोग न सिर्फ इस समस्या की विशालता से ही अनभिज्ञ हैं, वरन् समस्या का सामना करने के लिए समुचित रणनीति व दिशा-निर्देशों का भी अभाव है। भारतीय प्रशासनिक सेवा में नीति-निर्धारण तथा क्रियान्वयन, दोनों ही स्तरों पर कार्य करने तथा लोकस्वास्थ्य की पृष्ठभूमि होने के कारण मुझे लगा कि इस विषय पर एक पुस्तक का लेखन सर्वाधिक उपयुक्त कदम होगा। ऐसी पुस्तक जो विभिन्न नीतियों का आलोचनात्मक विश्लेषण प्रस्तुत करती हो, जिसमें भारतीय समाज में महिला के प्रति परंपरागत पूर्वाग्रह का संदर्भ हो, दहेज प्रथा की ऐतिहासिक पृष्ठभूमि और इसके एक सामाजिक बुराई में परिवर्तित होने का वर्णन हो, जिसमें चिकित्सकीय नैतिकता और अल्ट्रासाउंड तकनीक पर नैतिकतापरक प्रश्न उठाए गए हों। इस बहस पर चर्चा भी हो कि चिकित्सकों द्वारा सिर्फ माँग की पूर्ति की जा रही है या फिर पूर्ति के माध्यम से माँग को पैदा किया जा रहा है। अंत में इस दिशा में किए गए प्रयासों का अध्ययन समाहित करते हुए संभावित हस्तक्षेपों का भी वर्णन हो, जो समस्या के सकारात्मक हल हेतु व्यूह रचना में सहयोगी हो सकते हैं।

मैंने इन सभी विषयों को अंग्रेजी में लिखित पुस्तक में समाहित करने का प्रयास किया। इसी बीच मेरी तैनाती शिवपुरी जिले में कलेक्टर एवं जिला दंडाधिकारी के रूप में हुई। शिवपुरी जिला भी कन्या भ्रूण हत्या की समस्या के

लिए बदनाम ग्वालियर चंबल संभाग का ही एक जिला है। इस क्षेत्र में कार्य करने के अनुभव के कारण देश में अपने किस्म का पहला प्रकरण न्यायालय में प्रस्तुत किया गया जो कि सामाजिक चिकित्सकीय अंकेक्षण पर आधारित था, और जिसमें न्यायालय द्वारा संज्ञान लिया गया। लिंग परीक्षण आधारित कन्या भ्रूण हत्या को सामाजिक चिकित्सकीय अंकेक्षण के माध्यम से उजागर करने के प्रयास में अपनाई गई रणनीति को इस क्षेत्र में कार्य कर रहे व्यक्तियों के साथ बाँटे जाने की आवश्यकता को महसूस करते हुए 'शिवपुरी का सच' नाम से एक नया अध्याय एवं समाज से आगे आकर कार्य करने की अपेक्षा के साथ एक अन्य अध्याय "आइए कन्या भ्रूण हत्या न करने की शपथ लें!" भी पुस्तक के हिंदी अनुवाद में जोड़ा गया है।

मैंने इस विषय से संबंधित सभी मुद्दों को इस पुस्तक में समाहित करने का प्रयास किया है। कतिपय तथ्यों की पुनरावृत्ति आवश्यक रही है, ताकि समस्या से संबंधित एवं प्रासंगिक बिंदुओं को रेखांकित किया जा सके। कुछ अनुवाद अंग्रेजी एवं गुरुमुखी भाषा से किए गए हैं, जिनकी प्रामाणिकता के लिए मूल भाषा से संदर्भ देखना उचित होगा। मैं यह भी स्पष्ट करना चाहता हूँ कि पुस्तक में व्यक्त सभी विचार मेरे निजी हैं, सरकार के नहीं। मुझे आशा है कि यह पुस्तक उन सभी लोगों के लिए उपयोगी सिद्ध होगी जो इस क्षेत्र में कार्य कर रहे हैं तथा समाज में लिंग भेद की स्थिति से चिंतित हैं और कुछ प्रभावी परिवर्तन लाना चाहते हैं। मैं विनम्रतापूर्वक आशा करता हूँ कि भारत में कन्या भ्रूण हत्या के विरुद्ध चलाये जा रहे अभियान में इसे मेरे छोटे से योगदान के रूप में मान्य किया जाएगा।

मैं निम्नांकित व्यक्तियों का हृदय से आभारी हूँ, जिनके सक्रिय सहयोग एवं प्रोत्साहन के बिना यह पुस्तक संभव नहीं थी —

डॉ. साबू जार्ज उन लोगों में से एक हैं, जिन्होंने भारत में कन्या भ्रूण हत्या के विरुद्ध संघर्ष की शुरुआत की है। डॉ. मीता सिंह, जेंडर विशेषज्ञ आई.एफ.ई.एस. इंडिया ने एक मित्र, दार्शनिक एवं मार्गदर्शक के रूप में इस विषय पर और अधिक अध्ययन करने तथा लिखने हेतु प्रेरित किया। मैं भाग्यशाली हूँ कि मुझे उनसे इस विषय पर मूल्यवान सुझाव प्राप्त हुए। इसमें कोई संदेह नहीं कि बिना उनके सहयोग के यह कार्य संभव ही नहीं था। डॉ. पुनीत बेदी एवं श्री संजय पारिख वास्तविक सहयोगी थे जिन्होंने इस अपेक्षाकृत नए विषय पर अमूल्य सुझाव दिए।

भारतीय उपमहाद्वीप के दो देशों, भारत और पाकिस्तान की न केवल साझा सीमाएँ हैं, बल्कि उनकी सामाजिक समस्याएँ भी एक जैसी ही हैं। पाकिस्तान का लिंगानुपात प्रति एक हजार पुरुष पर 938 महिलाओं का है।

पुस्तक लिखने के इस प्रयास ने सीमाएँ भी पार की हैं। मैं बड़ी कृतज्ञता के साथ यह कहना चाहता हूँ कि इस पुस्तक के चित्र श्री के.बी. अब्रो द्वारा बनाए गए हैं जो कराची, पाकिस्तान में रहते हैं। यह सीमा पार के सहयोग का अद्वितीय दृष्टांत है। मैं श्री के.बी. अब्रो का अत्यंत आभारी हूँ। प्रसिद्ध साहित्यकार श्री मोहन गेहानी जो मेरे ससुर हैं, ने बौद्धिक संबल प्रदान करते हुए मेरी इस समुचित यात्रा में मेरा मार्गदर्शन किया। मेरे पिता श्री सुंदर अगनानी जो स्वयं एक साहित्यकार एवं चित्रकार हैं, ने पुस्तक को अद्भुत सौंदर्य प्रदान किया है। श्री उमेश शर्मा, श्री रितेश जैन, श्री एस.एस. परिहार एवं विनोद गलफट वे प्रमुख व्यक्ति हैं, जिन्होंने कंप्यूटर संबंधी सभी आवश्यकताओं की पूर्ति की है।

श्री एस.के. सक्सेना ने मेरी अंग्रेजी की पुस्तक का हिंदी में प्रारंभिक अनुवाद किया जिसे भाषायी दृष्टि से श्री गुरुबचन सिंह एवं श्री राजेश उत्साही ने सँवारा। इन्हीं महानुभावों के प्रयास से यह हिंदी संस्करण पाठकों के समक्ष प्रस्तुत किया जा सका है। मैं उनका भी हृदय से आभारी हूँ।

शिवपुरी एवं मुरैना की सभी सामाजिक संस्थाओं का भी आभारी हूँ जिन्होंने कन्या भ्रूण हत्या के विरुद्ध अभियान में पहल की तथा अपने मैदानी कार्यों से मेरे अनुभव एवं ज्ञान में वृद्धि की।

मुरैना की सामाजिक संस्था 'प्रयत्न' की सुश्री आशा सिंह सिकरवार एवं शिवपुरी की 'शकुंतला परमार्थ समिति' की सुश्री शैला अग्रवाल का भी हृदय से आभारी हूँ जिन्होंने समाज सेवा के क्षेत्र में कार्य करने के अपने संकल्प को कन्या भ्रूण हत्या जैसी लड़ाई से लड़ने के रूप में अभिव्यक्त किया है एवं जिनके सक्रिय सहयोग से मुरैना एवं शिवपुरी में प्रभावी कार्यवाही की जा सकी। मैं शिवपुरी एवं मुरैना की जनता का भी आभार व्यक्त करना चाहता हूँ जिसने मुझे इस अभियान में नैतिक सहयोग प्रदान किया।

मेरी पत्नी शिल्पी एवं पुत्री इप्सा गहरे अर्थों में इस अभियान में सबसे बड़ी नैतिक प्रेरणा रही हैं। उन्हें मुझसे अपेक्षित अपने समय का बड़ा हिस्सा इस नैतिक कार्य के लिए देना पड़ा।

अंत में मैं उन सब लोगों का ऋणी हूँ जिनसे मैंने इस विषय से संबंधित सेमिनार एवं कार्यशालाओं में इतना कुछ सीखा है। प्रसिद्ध कवि श्री नरेश मेहन का भी आभारी हूँ जिनकी कविता 'नरभक्षी' का उपयोग मैंने इस पुस्तक के एक अध्याय में किया है। इस प्रकार के कार्य में विभिन्न संस्थाओं और व्यक्तियों द्वारा प्रकाशित सामग्री से कुछ न कुछ लेना ही होता है और प्रत्येक के नाम का उल्लेख करना संभव भी नहीं हो पाता है। ऐसे सभी महानुभावों का मैं हृदय से आभारी हूँ।

# जनगणना का बयान

# जनगणना का बयान

सौ करोड़ से भी अधिक आबादी वाले हमारे देश में सरकार हर दस साल में अपने जनगणना विभाग के माध्यम से एक बड़ी कवायद करती है। इसके अंतर्गत हर दशक के प्रारंभिक वर्षों में पूरे देश की आबादी के जनसांख्यिकीय आँकड़ों की गणना की जाती है। जनसंख्या लिंगानुपात, यानी स्त्री-पुरुष अनुपात का आकलन भी ऐसा ही एक महत्त्वपूर्ण आँकड़ा है। भारत में लिंगानुपात को प्रति एक हजार पुरुषों की संख्या के अनुपात में महिलाओं की संख्या के रूप में देखा जाता है। यह गणना प्रत्येक दशक में भारत में लिंग अनुपात की स्थिति को दर्शाती है। यह कार्य लगभग सौ वर्षों से किया जा रहा है। दूसरी ओर शिशु लिंगानुपात अभी हाल के वर्षों की स्थिति को प्रतिबिंबित करता है। यह गणना विस्थापन या एक स्थान से दूसरे स्थान पर जाने-आने की स्थिति से अप्रभावित रहती है, क्योंकि यह जन्म से छह वर्ष तक की आयु के बच्चों से संबंधित होती है।

### लिंगानुपात

अंतर्राष्ट्रीय स्तर पर प्रति एक हजार महिलाओं की तुलना में पुरुषों की संख्या को लिंगानुपात कहा जाता है। भारत में ब्रिटिश शासन काल के दौरान जब अंग्रेज जनगणना आयुक्तों के माध्यम से जनगणना कार्य प्रारंभ कराया गया तो उन्होंने पाया कि भारत में महिलाओं की संख्या पुरुषों की तुलना में कम है। इसी कारण

तत्कालीन प्रशासन ने इस अनुपात को नापने के तरीके बदल दिए। अब भारत ही एकमात्र ऐसा देश है, जहाँ अभी भी यह गणना अंतर्राष्ट्रीय मापदंडों से भिन्न मापदंडों के अनुसार की जाती है।

विभिन्न देशों में प्रति एक हजार पुरुषों की तुलना में महिलाओं की संख्या का विवरण इस प्रकार है :

| | |
|---|---|
| विश्व | 986 |
| रशियन फेडरेशन | 1140 |
| संयुक्त राज्य अमेरिका | 1029 |
| इंडोनेशिया | 1004 |
| ब्राजील | 1025 |
| जापान | 1041 |
| बंगलादेश | 953 |
| चीन | 944 |
| पाकिस्तान | 938 |
| भारत | 933 |

इस सारणी से साफ हो जाता है कि भारत में लिंगानुपात अर्थात् प्रति एक हजार पुरुषों पर महिलाओं की संख्या केवल 933 है। यह अनुपात हमारे पड़ोसी देशों से भी कम है। 1941-51, 1971-81 और 1991-2001 की अवधियों (जिस दौरान इसमें मामूली वृद्धि हुई थी) को छोड़कर समूची

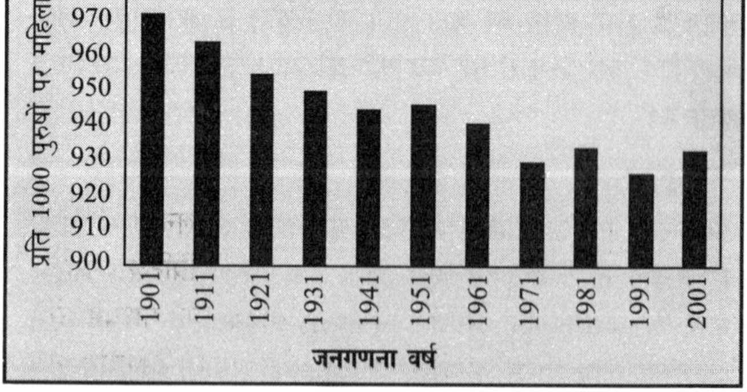

बीसवीं शताब्दी की अवधि में इस अनुपात में निरंतर गिरावट का ही रुझान रहा है।

### शिशु लिंगानुपात

सामान्य जैविकीय परिस्थितियों में प्रति 1000 लड़कों पर 942 से 955 लड़कियों का जन्म होता है। लेकिन चूंकि सामान्य जनसंख्या में बच्चियों की शिशु मृत्यु दर के मुकाबले बच्चों की शिशु मृत्यु दर अधिक होती है इसलिए विश्वव्यापी स्वीकृत मानकों के अनुरूप शिशु लिंगानुपात में वृद्धि एवं सुधार दिखायी देता है।

सन् 2001 की जनगणना के समय शिशु लिंगानुपात प्रति 1000 लड़कों पर 927 लड़कियों का था। लिंग परिक्षण आधारित गर्भपात की घटनाओं का असर शिशु लिंगानुपात पर प्रत्यक्ष रूप से दिखायी देता है। कुछ राज्यों के आँकड़े राष्ट्रीय औसत तथा प्रचलित शिशु लिंगानुपात में बहुत अधिक अंतर दर्शाते हैं।

निम्नांकित राज्यों में शिशु लिंगानुपात का औसत राष्ट्रीय औसत की अपेक्षा बहुत कम है—

| | |
|---|---|
| पंजाब | 798 |
| हरियाणा | 819 |
| दिल्ली | 868 |
| गुजरात | 883 |
| हिमाचल प्रदेश | 896 |
| उत्तरांचल | 908 |
| राजस्थान | 909 |
| महाराष्ट्र | 913 |
| उत्तर प्रदेश | 916 |

शिशु लिंगानुपात में यह गिरावट चिंताजनक है। वर्ष 1991 में देश में एक भी ऐसा जिला नहीं था जिसका लिंगानुपात 800 से कम हो, जबकि सन् 2001 में 14 जिलों में यह अनुपात 800 से कम दर्ज किया गया। इसी प्रकार वर्ष 1991 में केवल एक ही जिले में शिशु लिंगानुपात 800-849 के बीच था, परंतु अब यह आँकड़ा 32 जिलों तक पहुँच गया है। देश भर में 70 जिलों में 850-899 के बीच का शिशु लिंगानुपात दर्ज किया गया है।

**800 से कम शिशु लिंगानुपात**

800 से कम शिशु लिंग अनुपात वाले भारत के 14 में से 9 जिले पंजाब तथा शेष 5 जिले हरियाणा के हैं। ये जिले तथा इनका शिशु लिंगानुपात निम्नानुसार है—

**पंजाब**— फतहगढ़ साहिब (766), पटियाला (777), मानसा (782), भटिंडा (785), कपूरथला (785), संगरूर (786), गुरदासपुर (789), अमृतसर (790), और रूपनगर (794)

**हरियाणा**— कुरुक्षेत्र (771), अंबाला (782), सोनीपत (788), कैथल (791), और रोहतक (799)

**800 से 849 के मध्य शिशु लिंगानुपात**

भारत में 32 जिले ऐसे हैं जिनमें शिशु लिंगानुपात 800 से 849 के बीच है। इनमें 12 जिले हरियाणा, 8 पंजाब, 4 गुजरात, 2-2 हिमाचल प्रदेश, जम्मू-कश्मीर, मध्यप्रदेश तथा एक-एक दिल्ली और महाराष्ट्र से हैं। इन 32 जिलों का शिशु लिंगानुपात निम्नानुसार है—

**हरियाणा**— झज्झर (801), यमुनानगर (806), पानीपत (809), करनाल (809), रेवाड़ी (811), सिरसा (817), जींद (818), महेन्द्रगढ़ (818), फतेहाबाद (828), पंचकुला (829), हिसार (832) और भिवाड़ी (841)

**पंजाब**— जालंधर (806), नवाँशहर (808), मुक्तसर (811), फरीदकोट (812), होशियारपुर (812), लुधियाना (817), मोगा (818), और फिरोजपुर (822)

**गुजरात**— मेहसाना (801), गांधीनगर (813), अहमदाबाद (836), और आणन्द (849)

**हिमाचल प्रदेश**— कांगड़ा (836) और ऊना (837)

**जम्मू कश्मीर**— जम्मू (816) और कठुआ (841)

**मध्यप्रदेश**— भिण्ड (832) और मुरैना (837)

**दिल्ली**— दक्षिण-पश्चिम (846)

**महाराष्ट्र**— कोल्हापुर (839)

**850-899 के मध्य शिशु लिंगानुपात**

भारत में 70 जिले ऐसे हैं जिनमें शिशु लिंगानुपात 850-899 के मध्य है।

इनमें 23 जिले उत्तर प्रदेश, 10-10 गुजरात व राजस्थान, 8 महाराष्ट्र, 7 दिल्ली, 4 तमिलनाडु, 2-2 हरियाणा, हिमाचल प्रदेश, उत्तरांचल और मध्यप्रदेश से हैं।

इन 70 जिलों के नाम व शिशु लिंगानुपात इस प्रकार हैं—

| | |
|---|---|
| **उत्तर प्रदेश**— | बागपत (850), गाजियाबाद (854), गौतमबुद्ध नगर (854), मेरठ (857), मुजफ्फरनगर (859), आगरा (866), बुलंदशहर (867), कानपुर नगर (869), मथुरा (872), सहारनपुर (872), अलीगढ़ (885), हाथरस (886), झांसी (886), फिरोजाबाद (887), जालौन (889), बदायूं (890), एटा (891), मैनपुरी (892), कानपुर देहात (892), औरैया (894), इटावा (895), शाहजहाँपुर (897) और फर्रुखाबाद (897) |
| **गुजरात**— | राजकोट (854), पाटन (865), सूरत (871), खेड़ा (876), साबरकांठा (879), भावनगर (881), वड़ोदरा (886), अमरेली (892), पोरबंदर (898) और जामनगर (898) |
| **राजस्थान**— | गंगानगर (850), धौलपुर (860), झुन्झनू (863), जैसलमेर (869), हनुमानगढ़ (872), करौली (873), भरतपुर (879), सीकर (885), अलवर (887) और जयपुर (899) |
| **महाराष्ट्र**— | सांगली (851), सतारा (878), जलगाँव (880), अहमदनगर (884), औरंगाबाद (890), उस्मानाबाद (894), बीड़ (894) और शोलापुर (895) |
| **दिल्ली**— | उत्तर-पश्चिम (857), पश्चिम (859), पूर्व (865), उत्तर (870), उत्तर पूर्व (875), दक्षिण (888) और नई दिल्ली (898) |
| **तमिलनाडु**— | सलेम (851), धरमपुरी (869), नमक्कल (889) और थेनी (891) |
| **हरियाणा**— | फरीदाबाद (850) और गुड़गाँव (858) |
| **हिमाचल प्रदेश**— | हमीरपुर (850) और बिलासपुर (882) |
| **उत्तरांचल**— | हरिद्वार (862) और देहरादून (894) |
| **मध्यप्रदेश**— | ग्वालियर (853) और दतिया (874) |

भारत में 1991 से 2001 की अवधि में शिशु लिंगानुपात में कुल मिलाकर 18 अंकों अर्थात् 945 से 927 तक की गिरावट दर्ज की गई। इसी अवधि में 70 ऐसे जिले भी थे, जिनमें यह गिरावट 50 अंकों से अधिक थी। इससे भी अधिक दुःखद स्थिति यह है कि देश के 90 से भी अधिक जिलों में यह गिरावट 40 बिंदुओं से ऊपर रही है।

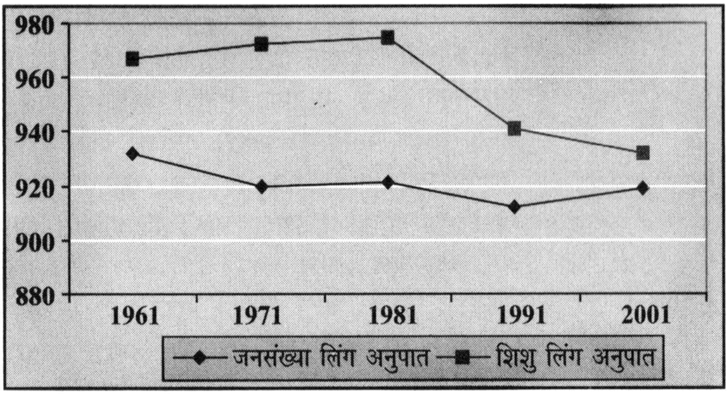


मध्यप्रदेश का जनसंख्या और शिशु लिंग अनुपात—वर्ष 1961 से 2001 के मध्य

यद्यपि कुछ राज्यों में शिशु लिंगानुपात समग्र जनसंख्या के लिंगानुपात से बेहतर है, परंतु हाल के वर्षों में शिशु लिंगानुपात में आई गिरावट निश्चय ही चिंता का विषय है। मसलन, मध्यप्रदेश में शिशु लिंगानुपात (932) समग्र जनसंख्या लिंगानुपात (919) से बेहतर है, परंतु गत दो दशकों (1981-2001) की अवधि में शिशु लिंगानुपात में आई गिरावट चौंकाने व भयभीत करने वाली है। यह अनुपात वर्ष 1981 के 975 से 43 बिंदु नीचे गिरकर वर्ष 2001 में 932 रह गया है।

## धार्मिक समुदायों में शिशु लिंगानुपात

कुछ समुदायों में बेटियों को अवांछनीय माना जाता है। परिस्थितियाँ इस सीमा तक जटिल हैं कि या तो लड़कियों को जन्म ही नहीं लेने दिया जाता या उन्हें शिशु अवस्था में ही मार दिया जाता है। सिख समाज में शिशु लिंगानुपात 786/1000 है। जैन समाज में भी इसी प्रकार की तीव्र गिरावट देखी जा रही है। इनमें शिशु लिंगानुपात 870/1000 है। हिंदुओं में शिशु लिंगानुपात 925/1000 है, परंतु कुछ विशेष भौगोलिक अंचलों में हिंदू जनसंख्या में भी यह अनुपात 850 से भी नीचे गिर चुका है।

| धार्मिक समुदाय | सभी | हिंदू | मुस्लिम | ईसाई | सिख | बौद्ध | जैन | अन्य |
|---|---|---|---|---|---|---|---|---|
| शिशु लिंगानुपात | 927 | 925 | 950 | 964 | 786 | 942 | 870 | 976 |

### नगरीय बनाम ग्रामीण क्षेत्र

वर्ष 2001 में देश के नगरीय क्षेत्रों में शिशु लिंगानुपात 906/1000 था, जबकि ग्रामीण क्षेत्रों में यह अनुपात 934/1000 था। प्रति 1000 लड़कों पर लगभग 30 लड़कियों के इस अंतर में कई वर्षों में कोई सुधार नहीं आया, बल्कि नगरीय एवं ग्रामीण दोनों ही क्षेत्रों में शिशु लिंगानुपात में गिरावट निरंतर जारी है।

| जनगणना वर्ष | शिशु लिंगानुपात | ग्रामीण | नगरीय |
|---|---|---|---|
| 1981 | 962 | 963 | 931 |
| 1991 | 945 | 948 | 935 |
| 2001 | 927 | 934 | 906 |

### झुग्गी बनाम गैर-झुग्गी अनुपात

हाल ही में सामने आए आँकड़े दर्शाते हैं कि झुग्गियों या गंदी बस्तियों में निवास करने वालों में लिंगानुपात का स्तर गैर-झुग्गी वासियों की अपेक्षा ऊँचा है, जबकि यह भी एक यथार्थ है कि झुग्गी बस्तियों में प्रवासी लोग अन्य स्थानों से काम की तलाश में अपने परिवार को साथ लिए बगैर आते हैं और लिंगानुपात को कुछ सीमा तक अवश्य प्रभावित करते हैं। इससे शिशु लिंग अनुपात में अंतर और बढ़ जाता है। झुग्गी बस्तियों की आबादी में शिशु लिंगानुपात प्रति 1000 लड़कों पर 919 लड़कियाँ हैं जो कि गैर-झुग्गी बस्तियों के 904 की तुलना में 15 बिंदु ऊपर है। चंडीगढ़ में गैर-झुग्गी बस्तियों की आबादी में शिशु लिंगानुपात झुग्गी बस्तियों की आबादी की तुलना में 92 बिंदु नीचे है (झुग्गी बस्तियों की आबादी में प्रति 1000 लड़कों के पीछे 917 लड़कियाँ हैं जबकि गैर-झुग्गी बस्तियों में मात्र 825 लड़कियाँ हैं)। दिल्ली में भी यह अंतर अधिक है—झुग्गी बस्तियों में 919 तथा महानगर के अन्य भागों में 859 हैं।

### अनुसूचित जाति एवं जनजाति जनसंख्या में शिशु लिंगानुपात

यदि जैविक शिशु लिंगानुपात की तुलना में अध्ययन करें तो यह प्रतीत होता

है कि नगरीय क्षेत्रों में निवास करने वाले अनुसूचित जाति के लोगों में मुख्यतः इस जनगणना से पक्षपात करने की शुरुआत होती दिखाई देती है, जबकि सामान्य जनसंख्या में यह पक्षपात निरंतर कई वर्षों से बना हुआ है। अनुसूचित जाति की जनसंख्या में यदि सारे देश के आँकड़ों को देखा जाए तो शिशु लिंगानुपात 938/1000 है, जबकि नगरीय क्षेत्रों में यह अनुपात मात्र 924/1000 ही है। वर्ष 2001 में जनजातियों में शिशु लिंगानुपात 971/1000 था, परंतु यह भी ध्यान देने योग्य बात है कि नगरीय क्षेत्रों की जनजातीय जनसंख्या में शिशु लिंगानुपात मात्र 951/1000 था।

## बेहतर जिले

शिशु लिंगानुपात की दृष्टि से बेहतर जिले अर्थात् जो अबाधित स्थितियाँ दर्शाते हैं, वे उत्तर भारत के जम्मू-कश्मीर, अरुणाचल प्रदेश, सिक्किम, छत्तीसगढ़ और उड़ीसा आदि राज्यों से हैं, जहाँ शिशु लिंगानुपात प्रति 1000 लड़कों के पीछे 995 से 1035 लड़कियाँ हैं। इन क्षेत्रों की पृष्ठभूमि के परीक्षण से उन स्थितियों को समझने में मदद मिलेगी, जिनमें समाज अपनी महिलाओं को समानता और सम्मान प्रदान कर सका है। नियम कानून तो दिन-प्रतिदिन के अपराधों को रोकने या प्रतिबंधित करने के उपकरण मात्र हैं। इनके अलावा हमें उड़ीसा और छत्तीसगढ़ के जनजातीय समुदायों के सकारात्मक व्यवहार, उत्तर-पूर्वी राज्यों के समाज की मातृसत्तात्मक संरचना तथा इन राज्यों में तथाकथित प्रगति की परिभाषा से 'दूरी बनाए रखने' के भाव को भी समझना चाहिए।

## कुछ राज्यों तथा कुछ जिलों के हाथ खून से रँगे हैं

पंजाब, हरियाणा, दिल्ली, गुजरात और हिमाचल प्रदेश में लड़कियों की संख्या प्रति 1000 लड़कों पर 900 से भी नीचे दिखायी दे रही है। राजस्थान, मध्यप्रदेश, उत्तर प्रदेश, उत्तरांचल, महाराष्ट्र और तमिलनाडु में भी स्थिति बद से बदतर होती जा रही है। इन राज्यों में स्थिति भयावह व चिंताजनक है, जिसमें सुधार करना निःसंदेह कठिन है। इससे पहले कि परिस्थितियाँ नियंत्रण से बाहर हो जाएँ, आवश्यकता इस बात की है कि समाज के सभी वर्ग कुछ दीर्घकालीन व दूरगामी उपाय करें। देश में सबसे अधिक खराब स्थिति वाले 14 जिले आर्थिक रूप से संपन्न पंजाब और हरियाणा के उत्तरी मैदानी क्षेत्रों के हैं। यहाँ के शिशु लिंगानुपात से न जाने कितनी लड़कियों की गैर-मौजूदगी का पता चलता है।

## विभिन्न राज्यों की स्थिति

**पंजाब**—इस राज्य में प्रति 1000 लड़कों पर लड़कियों की संख्या मात्र 798 है। पंजाब के किसी भी जिले में यह अनुपात 1000 लड़कों के पीछे 822 लड़कियों से अधिक नहीं है। 9 जिलों में शिशु लिंग अनुपात 800 से कम है तथा शेष जिलों में शिशु लिंग अनुपात 800 से 822 के बीच है। फतहगढ़ साहिब में शिशु लिंगानुपात मात्र 766 है, जबकि अधिकतम 822 फिरोजपुर में है।

**हरियाणा**—इस राज्य में शिशु लिंगानुपात प्रति 1000 लड़कों की तुलना में मात्र 819 लड़कियाँ हैं। हरियाणा में 1991 की जनगणना से स्थिति अधिक खराब हुई है। राज्य के 19 जिलों में से 5 में 800 से कम, 12 में 800 से 849 के मध्य तथा शेष दो में 900 से कम शिशु लिंगानुपात है। कुरुक्षेत्र (771), अंबाला (782), सोनीपत (788), कैथल (791), और रोहतक (799) अधिक चिंतनीय स्थिति वाले जिले हैं, जिन पर तत्काल ही ध्यान दिया जाना आवश्यक है।

**दिल्ली**—इस राज्य में शिशु लिंगानुपात प्रति 1000 लड़कों की तुलना में 868 लड़कियाँ हैं। दिल्ली के 9 में से 8 जिलों में शिशु लिंगानुपात प्रति 1000 लड़कों पर 900 से कम लड़कियों का है। दक्षिण-पश्चिम दिल्ली राज्य के संपन्न जिलों में से एक है। यहाँ 2001 की जनगणना में तीव्र गिरावट दर्ज की गई है, जो कि प्रति 1000 लड़कों पर 846 लड़कियाँ ही हैं। 1991 की जनगणना में प्रति 1000 लड़कों पर यहाँ 904 लड़कियाँ थीं।

**गुजरात**—इस राज्य में शिशु लिंगानुपात प्रति 1000 लड़कों की तुलना में 883 लड़कियाँ है। वर्ष 1991 की जनगणना में राजकोट में शिशु लिंगानुपात 914 प्रति 1000 था। जो वर्ष 2001 की जनगणना में केवल 854 रह गया था। मेहसाना की स्थिति और भी बदतर पायी गई है। यहाँ 801 लड़कियाँ प्रति 1000 लड़के का अनुपात है। वर्ष 2001 में केवल 10 जिलों में 900 से अधिक लड़कियों का अनुपात था, जबकि वर्ष 1991 में 20 जिलों में 900 से अधिक लड़कियों का अनुपात था।

**हिमाचल प्रदेश**—इस राज्य में शिशु लिंगानुपात प्रति 1000 लड़कों पर 896 लड़कियाँ हैं। 12 में से 8 जिलों में शिशु लिंगानुपात प्रति 1000 लड़कों पर 950 लड़कियों से कम दर्ज किया गया। 1991 की जनगणना के बाद से घनी जनसंख्या वाले जिलों और मैदानी क्षेत्रों में स्थिति ज्यादा खराब हुई है।

कांगड़ा और ऊना में अनुपात क्रमशः 836 और 837 था। हमीरपुर (850) और बिलासपुर (882) भी 900 से कम शिशु लिंग अनुपात वाले जिले थे।

**राजस्थान**—राजस्थान में शिशु लिंगानुपात प्रति 1000 लड़कों पर 909 लड़कियों का है। शहरी क्षेत्रों का शिशु लिंगानुपात (886) ग्रामीण क्षेत्रों के शिशु लिंगानुपात (914) से 28 अंक कम है। दस जिलों में शिशु लिंगानुपात 900 से कम है। गंगानगर (850) में सबसे कम अनुपात है। यहाँ 1991 के 894 की तुलना में 44 बिंदु की गिरावट आई है। झुन्झनू (863), अलवर (887), तथा जयपुर (899) में भी क्रमशः 37, 27 और 26 अंक की गिरावट दर्ज की गई है। 950 से अधिक अनुपात वाले केवल तीन जिले हैं—भीलवाड़ा (951), डूंगरपुर (963) और बाँसवाड़ा (972)। अधिकांश जिलों में शिशु लिंगानुपात राष्ट्रीय औसत 927 से कम है।

**मध्यप्रदेश**—वर्ष 2001 की जनगणना से कुछ दिलचस्प तथ्य सामने आए हैं। जैसे—

- आदिवासी बहुल जिलों में लिंगानुपात अपेक्षाकृत बेहतर है।
- वर्ष 2001 की जनगणना में 14 जिलों में लिंगानुपात 900 से कम था। ये जिले हैं—मुरैना, भिंड, ग्वालियर, श्योपुर, शिवपुरी, दतिया, गुना, टीकमगढ़, छतरपुर, सागर, विदिशा, भोपाल, होशंगाबाद और रायसेन।

शिशु लिंगानुपात में तेज गिरावट के पीछे इस बात का काफी हाथ है कि अल्ट्रासोनोग्राफी जैसी तकनीक आसानी से उपलब्ध है। मई 2005 में मुरैना में घर-घर जाकर सर्वेक्षण किया गया तो पता चला कि इस दूरदराज जिले में भी सभी गाँवों में शिशु लिंगानुपात बड़ी तेज और भयावह गति से गिरता जा रहा है।

मुरैना जिला प्रशासन ने जन्म से पाँच वर्ष तक के बच्चों के आँगनवाड़ी में नामाँकन को प्रेरित कर प्रत्येक गाँव के शिशु लिंगानुपात की गणना कराने का निर्णय लिया। इस प्रकार न केवल छोटे-छोटे बच्चों को आँगनवाड़ी में लाने और उन्हें इन केंद्रों के माध्यम से महत्त्वपूर्ण एवं आवश्यक सेवाएँ व सुविधाएँ उपलब्ध कराने का मौका मिला, बल्कि गाँव-गाँव में शिशु लिंगानुपात की स्थिति का आकलन करने तथा ऐसे स्थानों की पहचान करने में भी सुविधा हुई जहाँ के हालात खासतौर से भयावह व चिंताजनक थे।

महिला एवं बाल विकास विभाग के 'बाल संजीवनी अभियान' ने

प्रत्येक गाँव की जन्म से पाँच वर्ष तक की जनसंख्या में लिंगानुपात का आकलन करने का अवसर प्रदान किया। इस कार्यक्रम के तहत उन गाँवों की जानकारियाँ इकट्ठा की गईं और उनका विश्लेषण किया गया जहाँ लिंगानुपात की स्थिति खराब थी। इस विश्लेषण में वर्ष 2001 की जनगणना के आधार पर सामान्य जनसंख्या के लिंगानुपात, जन्म से छह वर्ष तक की आयु के शिशु लिंगानुपात तथा बाल संजीवनी अभियान 2005 के अंतर्गत नामाँकन के आधार पर सामने आए लिंगानुपात के आँकड़े दर्शाये गए थे। इस प्रक्रिया ने लिंगानुपात के निरंतर ह्रास की प्रवृत्ति को स्पष्ट उजागर कर दिया।

इन आँकड़ों के आधार पर यह निष्कर्ष निकाला जा सकता है कि ऐसे गाँवों व क्षेत्रों में लिंगानुपात ज्यादा कमजोर था जहाँ उच्च जाति एवं वर्ग के शिक्षित तथा आर्थिक रूप से संपन्न लोग रहते हैं। सोनोग्राफी सुविधा की उपलब्धता, जिला मुख्यालयों से समीपता तथा अन्य जिलों के साथ परिवहन सुविधाएँ आदि जिले में विपरीत लिंगानुपात को बढ़ाने के लिए उत्तरदायी कारण थे। इसके विपरीत एक विकास खंड विशेष रूप से उल्लेखनीय है। इस विकास खंड में लिंगानुपात बेहतर था क्योंकि यह एक दूरस्थ क्षेत्र था और आदिवासी जनसंख्या वाले गाँवों के इस क्षेत्र में जनसंख्या घनत्व कम था।

## प्रभावी योजना एवं मॉनिटरिंग के लिए आँकड़ों का प्रयोग

शिशु लिंगानुपात के लिए जनगणना के आँकड़ों को एक बड़े क्षेत्र के भीतर ही ज़ोन, वार्ड, नगर, तहसील या गाँव के स्तर पर विकेंद्रित किया जा सकता है। इससे यह जानने में मदद मिलती है कि किन-किन क्षेत्रों या भागों में अधिक कार्य करने की आवश्यकता है।

यह जानकारी सरकारी वेबसाइट www.censusindiamaps.net पर क्षेत्रवार उपलब्ध है। यह वेबसाइट उपयोग करने में बहुत ही आसान है तथा इसके माध्यम से किसी भी भौगोलिक क्षेत्र के लिंगानुपात (जनसंख्या व शिशु) की जानकारी प्राप्त की जा सकती है।

❒

युगों से चला आ रहा लिंग आधारित विभाजन

# युगों से चला आ रहा लिंग आधारित विभाजन

‘सोशल कॉन्ट्रेक्ट’ का सिद्धांत प्रतिपादित करते समय महान् दार्शनिक रूसो ने कहा था, “मनुष्य स्वतंत्र पैदा हुआ था, परंतु वह हर कहीं जंजीरों से बँधा है।” लगभग तीन शताब्दि बाद आज के प्रजातंत्र, स्वतंत्रता, व्यक्तिवाद और बाजार अर्थव्यवस्था के युग में इस पहलू पर बहस की जा सकती है कि मनुष्य कितनी जंजीरें तोड़ सका है, लेकिन इसमें कोई संदेह नहीं कि औरत को अभी भी स्वतंत्रता प्राप्त नहीं हो सकी है। सारी दुनिया में महिलावादी आन्दोलनों की कोशिशों के बावजूद वह दिन-ब-दिन नई जंजीरों में बँधती जा रही है।

भारत में महिलाओं के विरुद्ध हिंसा व अपराध के आँकड़े चौंकाने वाले हैं। हर 34 मिनट में एक बलात्कार होता है, हर 42 मिनट में एक यौन उत्पीड़न, और हर 93 मिनट में एक महिला को दहेज के लिए जला कर मार दिया जाता है। लेकिन ये आँकड़े तो हिमखंड की नोक के बराबर भी नहीं हैं क्योंकि अधिकांश प्रकरण तो दर्ज ही नहीं कराए जाते।

यदि हम पल भर के लिए इस बारे में सोचें कि यह भयावह स्थिति कैसे पैदा हुई है तो हम साफ तौर पर पाएँगे कि लैंगिक असमानता की जड़ें अतीत की धुंध में गायब हो गई हैं।

रूसो निजी संपत्ति की व्यवस्था के आरंभ को मानव जाति के इतिहास का एक निर्णायक क्षण मानते हैं। यहीं से मनुष्य प्रकृति पर

निर्भरता से आजाद हुआ। 'सोशल कॉन्ट्रेक्ट' में उन्होंने उल्लेख किया है कि 'जैसे-जैसे समय बीतता गया, मानव जाति में कुछ परिवर्तन आए। परिवारों के बीच श्रम विभाजन हुआ और आगे चल कर परिवार के भीतर भी यह विभाजन होने लगा।'

परिवारों के बीच श्रम विभाजन के वृत्तांत तो इतिहास के विभिन्न कालों में मिलते हैं, परंतु परिवार के भीतर पुरुष का महिला के साथ व्यवहार कैसा था, इसका उल्लेख प्रायः उपेक्षित रहा है। अतः यह खोजना एवं समझना आवश्यक है कि आज की स्थिति के पुरुष-महिला संबंध कैसे उत्पन्न हुए?

आदिम काल में मनुष्य एक शिकारी या फल इकट्ठा करने वाले की भाँति रहता था। खेती के साथ ही निजी संपत्ति, परिवार, सभ्यता, धर्म, राज्य, युद्ध, विजय, पराजय, शासक और दास अस्तित्व में आए।

इन परिवर्तनों के साथ ही औरत की हैसियत में भी परिवर्तन हुआ। यह बदलाव पुरुष ने अपनी इच्छा और सुविधा के अनुसार परंपरा, इतिहास और धर्म की दुहाई देकर औरत पर थोपा था। विभिन्न धर्म ग्रंथ महिलाओं के प्रति पक्षपात के प्रमाण हैं। और यह पक्षपात सार्वभौमिक है, पूरी दुनिया में बना हुआ है।

मानव धर्मों में हिंदू धर्म का एक अद्वितीय स्थान है। यह धर्म किसी मसीहा या पैगंबर और पवित्र पुस्तक या संगठन के लिहाज से आधुनिक धर्म के परंपरागत अर्थों के अनुरूप नहीं है। इसीलिए हिंदू धर्म को सनातन धर्म कहा जाता है।

प्राचीन काल से ही अनेकानेक जनजातियाँ भारत में आती रही हैं और उसे अपना घर बनाती रही हैं। यह अंतःप्रवेश कई शताब्दियों तक दुनिया के अनेक भागों से हो रहा था। इन जनजातियों की संख्या बहुत बड़ी थी तथा उनकी सांस्कृतिक, धार्मिक परंपराएँ एक-दूसरे से भिन्न और परस्पर विरोधी थीं। कई शताब्दियों तक भारत नाम के इस सूपे या धातुओं को गलाने वाले कटोरे में एक पहचान बनाई गई जो किसी भी स्थापित परिभाषा के अनुरूप नहीं थी। साधारण या सामान्य अर्थों में इसे हिंदू धर्म कहा जाता है। इसमें विविध परंपराओं और रीतियों की बहुतायत है जो अकसर परस्पर विरोधी है।

दार्शनिक स्तर पर पुरुष और प्रकृति की अवधारणा का स्थान बहुत

महत्त्वपूर्ण है। इसे दर्शनशास्त्र की 'न्याय' शाखा के फौरन बाद रखा जाता है। प्रकृति को शक्ति के रूप में वर्णित किया गया है। यह समस्त ब्रह्मांड के अस्तित्व का स्रोत है जो स्वयं एक इंद्रजाल है, अमूर्त है। पुरुष 'परम सत्य' है जो इस रचना को व्यापक और उत्कृष्ट बनाता है। इस 'परम' को पाना और उसके साथ एकीकार हो जाना ही व्यक्ति के जीवन का अंतिम लक्ष्य है। इस प्रकार प्रकृति मात्र एक माध्यम है, एक शक्ति है जबकि पुरुष 'परम' है। यह देखा जा सकता है कि पुरुष को अवधारणा के स्तर पर भी या आयोजना के स्तर पर भी प्रथम या प्रधान स्थान दिया गया है। परंपरावादी दार्शनिक यह दलील दे सकते हैं कि 'परम' ही सर्वोच्च है और उसमें लिंग का विषय भी सम्मिलित है, परंतु जो भी हो इस बात को नकारा नहीं जा सकता कि कारण के स्तर पर भी पक्षपात स्पष्ट है। यद्यपि गार्गी या मैत्रेयी जैसी कई प्रख्यात विदुषी महिलाओं का उल्लेख विशिष्ट विद्वान दार्शनिकों की पंक्ति में किया जाता है, परंतु स्त्री के प्रति पक्षपात हिंदू धर्म के पूरे साहित्य में मिलता है।

*रामायण* हिंदू धर्म का एक प्राचीन एवं महत्त्वपूर्ण महाकाव्य माना जाता है। इसमें हिंदू समाज व धर्म के आदर्श मूल्यों का वर्णन किया गया है। इसमें राम को तो मर्यादा पुरुषोत्तम कहा गया है, लेकिन *रामायण* के महिला चरित्रों को देखने पर एक अलग ही तस्वीर सामने आती है। कहा जाता है कि ऋषि अत्रि की पत्नी सती अनसूया ने सीता को पति के संबंध में परामर्श दिया था कि ''चाहे वह सच्चरित्र हो या पापी, दयालु हो या क्रूर, धनवान हो या निर्धन, इच्छाओं का दास हो या निष्ठावान, पत्नी को उसकी भली-भाँति सेवा-अर्चना करनी चाहिए।''

इस प्रकार की सीख निःसंदेह सीता को राम की छायामात्र बना देती है। सीता का अपना व्यक्तित्व अर्थहीन हो जाता है। इसी प्रकार लक्ष्मण की पत्नी उर्मिला को भी 14 वर्ष तक उसके नैसर्गिक अधिकारों से वंचित रखा गया। पौराणिक कथा कहती है कि सीता एक छोड़ी हुई कन्या थी जो राजा जनक को खेत जोतते समय मिली थी। यह भी कहा जाता है कि सीता को राम-रावण युद्ध में एक मोहरे की भाँति उपयोग किया गया था। शूर्पणखा के तिरस्कार को रावण ने अपने सम्मान के लिए एक चुनौती माना था। ये सब बातें भारत के 'स्वर्ण युग' में स्त्री की स्थिति को प्रतिबिंबित करती हैं।

भगवान कृष्ण की गोपियों के बारे में भी काफी कुछ कहा और लिखा

जा चुका है। महाभारत में द्रौपदी की दुर्दशा यही दर्शाती है कि उसे जुए के खेल में जीत-हार के लिए एक वस्तु की भाँति उपयोग किया जा रहा था। यहाँ स्त्री को पुरुष की संपत्ति का दर्जा दिया गया है—उसे बाँटा जा सकता है, गिरवी रखा जा सकता है, जुए में दाँव पर लगाया जा सकता है। गांधारी को अपनी आँखों पर पट्टी बाँध कर रहना पड़ा था क्योंकि उसका पति धृतराष्ट्र नेत्रहीन था।

*रामचरित मानस* में तुलसीदास भी अपनी एक चौपाई के माध्यम से स्त्री की हीन दशा की पुष्टि करते दिखायी देते हैं—

**ढोल, गँवार, शूद्र, पशु, नारी**
**ये सब ताड़न के अधिकारी**

हमारा इतिहास सती प्रथा तथा युद्ध में राजाओं की पराजय पर जौहर के प्रसंगों से भरा पड़ा है। स्त्री का उपयोग राजनीतिक संधियों के लिए या युद्ध में लूटे गए सामान की भाँति होता था।

ईसाई धर्म के अनुसार *बाइबिल* की दो कविताओं में स्त्री की स्थिति का सार है—

"मैं तुम्हारे दुःखों को और तुम्हारे गर्भाधान को बहुत बढ़ाऊँगा, दुःख में तुम बच्चों को जन्म दोगी, और तुम्हारी इच्छाएँ तुम्हारे पति के लिए होंगी, और वह तुम पर राज करेगा।"

एक और स्थान पर कहा गया है, "स्त्री को पूरी परवशता के साथ खामोशी से सीखने दो, परंतु मैं किसी भी स्त्री को नहीं सिखाता, न ही पुरुष के ऊपर उसे अधिकार देता हूँ, उसे केवल शांत रहना है क्योंकि आदम पहले बना था और हव्वा बाद में। आदम को धोखा नहीं दिया जा सका, स्त्री ही धोखा खाने के कारण नियम उल्लंघन की अपराधी है।"

यह आश्चर्यजनक नहीं है कि मध्य युग में और कुछ समय पहले तक पश्चिमी दुनिया में भी स्त्री अधिकारों से वंचित थी। उसे गुलामों के बराबर माना जाता था। दास प्रथा के उन्मूलन के बाद भी यूरोप की महिलाओं को राजनीतिक मताधिकार के लिए हाल तक लड़ना पड़ा था।

मिस्र, बेबीलोनिया और चीन जैसी प्राचीन सभ्यताओं में ही नहीं बल्कि यूनान काल में भी महिलाओं की स्थिति अच्छी नहीं थी। चीन में लड़कियों के पैर बाँध दिए जाते थे, क्योंकि छोटे पैर सुंदर माने जाते थे।

मिस्र में फारूस या प्राचीन राजाओं की मृत्यु के बाद उनके दासों,

संपत्तियों और रानियों को भी उनके साथ दफना दिया जाता था। यहूदियों के धर्म जुडाइज्म में पुरुष परमात्मा का इसलिए आभार व्यक्त करता है कि उसे स्त्री नहीं बनाया गया। यूनान देश के वासी यह विश्वास रखते थे कि औरतों में अक्ल के दाँत नहीं होने के कारण वे बुद्धिमती नहीं होतीं। बेबीलोनिया में हम्राबी की प्राचीन संहिता में यह प्रावधान है कि यदि कोई औरत संतान उत्पन्न करने में अक्षम है तो उसका यह दायित्व है कि वह अपने पति के लिए किसी दूसरी औरत या वेश्या की व्यवस्था करे ताकि वह उससे संतान हासिल कर सके।

इस्लाम में शरीयत कानून के अनुसार एक पुरुष की गवाही को दो महिलाओं की गवाही के बराबर माना जाता है। औरत का बुर्का पहनना आवश्यक है ताकि वह बेपर्दा न हो सके। इस्लाम में स्त्रियों और पुरुषों का अलग-अलग रहना एक गुण माना जाता है और आवश्यक भी। कुछ मुस्लिम विद्वान अब भी इस बात को मानते हैं कि "नारी नर्क का द्वार है।" ऐसा इस्लाम कहता है, यद्यपि कुरान में इसकी कई व्याख्याएँ हैं।

बौद्ध धर्म महिला को विद्या अध्ययन की अनुमति देता है, परंतु इस स्वतंत्रता के साथ उस पर अनेक शर्तें भी लगाई गई हैं। उसकी यह स्वतंत्रता बहुत सीमित है।

कहा जाता है कि जब राजा कौशल को पता चला कि पुत्र प्राप्ति की उसकी अपेक्षाओं के विपरीत उसकी रानी ने एक कन्या को जन्म दिया है तो वह बहुत निराश हुए। महात्मा बुद्ध ने उन्हें इस प्रकार सांत्वना दी—

**पुरुषों के प्रभु, एक बालिका**
**बालक से उत्तम संतान सिद्ध होगी**
**बुद्धिमती होगी वह और होगी गुणवान**
**जैसी उसके पति की माँ, सच्ची पत्नी**
**महान कार्य करेगा वह पुत्र**
**जो वह जनेगी**
**बड़े राज्यों पर राज करेगा**
**हाँ, कुलीन माँ का ऐसा बेटा ही**
**देश का पथ प्रदर्शक बनेगा**

**हाँ, वास्तव में कैसी सांत्वना है, सच!** ❐

सामन्तशाही मानसिकता की बन्दी आधुनिक नारी

# सामंतशाही मानसिकता की बंदी आधुनिक नारी

अभी हाल ही में एक जाने-माने उद्योगपति परिवार में संपत्ति विवाद के चलते परिवार की एक बेटी ने लिंग परिवर्तन हेतु अपनी शल्य चिकित्सा करवाई और स्वयं को पुरुष बना लिया। जिस चिकित्सक ने यह शल्य चिकित्सा की थी, उससे अनेक माता-पिता अपनी पुत्रियों का लिंग परिवर्तन करके उन्हें बेटा बनाने का आग्रह करने लगे।

विश्व स्वास्थ्य संगठन ने अपनी एक रिपोर्ट में लिखा है कि, "पुत्र की चाह ने बच्चे की देखरेख, स्वास्थ्य, शिक्षा और रोजगार सहित महिला के जीवन के सभी पहलुओं को प्रभावित किया है क्योंकि जन्म के क्षण से ही उसके साथ भेदभाव शुरू हो जाता है और कभी-कभी यदि लिंग चयन प्रक्रिया उपलब्ध हो तो, जन्म के पहले ही यह भेदभाव प्रारंभ हो जाता है।"

ऐसा क्यों है? क्या यही युगों से चली आ रही वास्तविकता है? मानव जाति के विकास के कुछ ऐतिहासिक पड़ावों या युगांतर चिह्नों के क्रम में झांक कर देखें तो शायद हमें इस प्रश्न का कुछ उत्तर मिल जाए—

➢ पृथ्वी पर मानव प्रजाति (होमो सेपियंस) का प्रकट होना—40 लाख वर्ष पूर्व।

- पुरा पाषाण युग (प्राचीन पाषाण युग—मनुष्य की औजार बनाने की क्षमता)—30 लाख वर्ष पूर्व।
- मनुष्य द्वारा आग का प्रयोग—10 लाख वर्ष पूर्व।
- नव पाषाण युग—मनुष्य द्वारा कृषि का प्रारंभ—10 हजार वर्ष पूर्व।
- प्राचीन सभ्यता का उद्‌भव—पाँच हजार वर्ष पूर्व।
- औद्योगिक क्रांति (वाष्प इंजन का आविष्कार) सन् 1765-250 वर्ष पूर्व।

इन युगांतर चिह्नों से यह अनुमान लगाया जा सकता है कि विभिन्न कारणों से मनुष्य एक घुमंतू समाज की भाँति समूहों में रहकर जीवनयापन करता रहा है। यह स्थिति काफी लंबे समय तक बनी रही और इन लाखों वर्षों में मुक्त यौन-संबंधों के कारण बच्चे का केवल माँ के साथ ही संबंध सुनिश्चित किया जा सकता था। यह मानना विवेकपूर्ण है कि विवाह की संस्था भी बहुपतिवाद अर्थात् एक से अधिक पति रखने की प्रथा वाली रही होगी। इस स्थिति को ही प्राचीन समाज में माता के स्थायी स्वरूप निर्धारण या देवी माँ की पूजा, आराधना का आधार माना गया होगा। इसी अवधि में और इन परिस्थितियों के बीच इस बात की अधिक संभावना है कि पुत्र पाने की लालसा अधिक विकसित नहीं हुई होगी। खेतीबाड़ी के प्रारंभ होने के बाद ही मनुष्य स्थायी रूप से रहने लगा। यह स्थिति केवल दस हजार वर्ष पूर्व ही बनी। पुत्र पाने की लालसा इसी पितृसत्तात्मक समाज से संबधित है। यह कहा जा सकता है कि यह प्रक्रिया असमान थी और हजारों वर्षों तक चलती रही।

यह प्रक्रिया भारतीय/हिंदू पौराणिक गाथाओं के विरोधाभास को कुछ सीमा तक व्यक्त करती है। भारतीय देवताओं की पत्नियाँ या संगिनियाँ तो देवियों की भाँति पूजी जाती हैं, परंतु वास्तविक जीवन में भारतीय समाज में महिला को बहुत अधिक अधिकार प्रदान नहीं किए गए हैं। यदि परिवार में कुछ अधिकार प्राप्त भी हैं तो वे केवल मातृत्व से संबंधित हैं। एक बहू पुत्र को जन्म देने के कारण विशेषाधिकृत स्थिति में रहती है। केवल बेटियों को जन्म देने वाली महिला को वांछित आदर नहीं मिलता। वह केवल दया की पात्र होती है।

कृषि के उद्‌भव के साथ ही निजी संपत्ति की अवधारणा सामने आई।

पालतू और घरेलू जानवरों, दासों (विजित जनजातियों के सदस्य) और महिलाओं को भी निजी संपत्ति माना गया। महिला का उच्च स्थान खो गया, वह दोयम दर्जे पर ला दी गई।

यह सब उस समय हुआ जब महान् सभ्यताएँ विकसित हो रही थीं, बड़े-बड़े इलाकों पर विस्तार की इच्छाएँ जातियों पर आधिपत्य जमाने लगी थीं, विशाल साम्राज्यों के सपने देखे जा रहे थे और उन सपनों को बड़ी मजबूती से पूरा करने का प्रयास किया जा रहा था।

जब मनु ने हिंदू धर्म को संहिताबद्ध किया उस समय अनेकानेक भिन्न रीतियाँ ऐसी थीं जो प्राथमिकता पाने के लिए संघर्षरत थीं, परंतु उस विधि संहिता में केवल उच्च शासक वर्ग के रीति-रिवाजों को ही स्थान मिला।

पारंपरिक हिंदू समाज में महिला की स्थिति पुरुष पर उसकी निर्भरता से जुड़ी है। बचपन में उसे अपने पिता/भाइयों पर निर्भर रहना पड़ता है, विवाह के बाद अपने पति पर और विधवा हो जाने के बाद पुत्रों पर। लब्बोलुआब यह कि वह आजीवन पराधीन रहती है और उसका स्वतंत्र अस्तित्व कभी मान्य नहीं होता।

'वर्ण' और 'आश्रम' के संदर्भ में महिलाओं की स्थिति को समझना या देखना रुचिकर होगा। ब्राह्मणों के लिए एक पवित्र धागे का उत्सव 'यज्ञोपवीत' होता है जो कि बालक के गुरु-आश्रम में अध्ययन के लिए जाते समय मनाया जाता था। यह उसे वेद आदि के अध्ययन की पात्रता प्रदान करता था। समय के साथ अन्य जातियों ने भी इसे अपना लिया। इससे बालक को हिंदू धर्म के रीति-रिवाजों में सहभागिता करने की पात्रता मिल जाती है। यह रिवाज केवल बालकों तक ही सीमित है। बालिकाओं को इससे निषिद्ध किया गया है। इस भेदभाव के द्वारा बालिकाओं को धार्मिक शिक्षण से वंचित रखा गया।

अध्यात्म के मार्ग पर चलने वालों के लिए स्त्री एक पथभ्रष्टक या मोहपाश के रूप में चित्रित की गई है। मेनका द्वारा ऋषि विश्वामित्र को चिंतन के समय आकृष्ट कर अपने मोहजाल में फँसाने के आख्यान को उदाहरण के रूप में प्रस्तुत किया जा सकता है।

शासक वर्ग में स्त्री का उपयोग शक्तिशाली राजाओं की संधियों, संबंधों को मजबूत करने के लिए किया जाता था। स्त्रियों का अपहरण कर अपने विरोधी या शत्रु को ललकारा जाता था, या युद्ध लड़ने के लिए कोई

कारण या बहाना बनाया जाता था। इस पृष्ठभूमि में अलाउद्दीन खिलजी द्वारा सुंदरी रानी पद्मिनी का हाथ माँगने के लिए चढ़ाई करना एक प्रासंगिक वृत्तांत है।

कई बार राजकुमारियों के लिए स्वयंवर समारोह का आयोजन किया जाता था लेकिन स्वयंवर की शर्तें राजा या उसके सभासद ही तय करते थे। फलस्वरूप, स्वयंवर में केवल वही उम्मीदवार हिस्सा लेते थे जो उन शर्तों को पूरा कर सकते थे। राजकुमारी के पास और कोई विकल्प नहीं होता था। युद्ध में किसी राजा की पराजय के बाद वहाँ की रानियों तथा सभी कुलीन महिलाओं को राज्य के सम्मान की खातिर जौहर करने या स्वयं को अग्नि को समर्पित करने के लिए प्रेरित किया जाता था ताकि शत्रु उन्हें युद्ध में जीती अन्य वस्तुओं के साथ लूट कर न ले जा सकें।

ऐसा केवल अकबर के शासनकाल में ही हुआ कि कुछ राजपूत राजाओं ने अपनी बहनों या बेटियों को मुगलों से ब्याहने पर सहमति दी। जोधाबाई का विवाह अकबर से हुआ था। उन्हें इस्लाम धर्म स्वीकार करने के लिए बाध्य तो नहीं किया गया परंतु यह अवश्य सुनिश्चित किया गया कि उनके बच्चे स्वाभाविक रूप से मुस्लिम होंगे।

औरत को केवल एक वस्तु या संपत्ति समझा जाता था जिससे किसी जाति या समुदाय का सम्मान जुड़ा था। इस कारण शादियाँ सीमित समाज में ही करना आवश्यक हो गया। इस प्रकार यह व्यवस्था हुई कि किसी समुदाय या जाति विशेष में विवाह करना द्वि-पक्षीय कार्य होगा और उसके सदस्य कहीं भी एक-दूसरे को नीचा नहीं मानेंगे। इसके परिणामस्वरूप आडंबर, धन-दौलत और शक्ति का बेहूदा प्रदर्शन और दहेज की कुप्रथा अस्तित्व में आ गई। समय के साथ धीरे-धीरे यह प्रथा मनुष्य के स्वभाव में निहित लालच के कारण सीमित साधनों वाले परिवारों तक आ गई।

मनु ने मनुस्मृति में लिखा है कि लड़की का विवाह उसके रजस्वला होने की आयु तक आने से पहले हो जाना चाहिए। यह एक आम विश्वास था और अभी तक है कि लड़की को पालना किसी दूसरे के आँगन में लगे पौधे को सींचने जैसा है—जो एक निरर्थक कार्य है जिसके कुछ परिणाम नहीं निकलते। इससे बाल विवाह की प्रथा प्रारंभ हुई। बहुपत्नीवाद का रिवाज पुरुषों के लिए तो चलता रहा, परंतु औरत को अधिकांशतः चुपचाप दुःख भोगने के लिए छोड़ दिया जाता था। विधुरों को तो पुनः विवाह करने के

लिए प्रेरित किया जाता था लेकिन विधवाओं के पुनर्विवाह को अनैतिक कहा जाता था।

निम्न वर्ग को चूंकि कोई अधिकार प्राप्त नहीं थे इसलिए उनकी औरतों के अधिकारों का प्रश्न ही नहीं उठता। उच्च वर्ग द्वारा महिलाओं के साथ असभ्य व्यवहार करने का तौर-तरीका निम्न वर्गों तक आ गया था और वे भी अपनी औरतों के साथ अनेक प्रकार के अत्याचार करने लगे।

सभी औरतों को सुनियोजित ढंग से अपनी नियति को स्वीकार करने के लिए तैयार किया जाने लगा। जब भी आदमी को उपयुक्त लगा, वह औरत का शोषण करने से नहीं हिचकिचाया। सुंदर स्त्री आदमी की इच्छा और स्वामित्व की वस्तु थी, जिसे उसने एक विजित स्मारक की भाँति ही आँका और अपनी झूठी शान, प्रतिष्ठा को बढ़ाने के लिए अपने पास रखा, उसे भोगा।

पश्चिमी दुनिया में आई औद्योगिक क्रांति और दुनिया के इस भाग में आए उपनिवेशवाद का काल लगभग एक ही है। जहाँ तक भारत का प्रश्न है, यह काल कट्टरपंथी तथा विक्टोरियन मूल्यों और सिद्धांतों का काल था, जो हमारे यहाँ पहले से ही चले आ रहे नारी-विरोधी पूर्वाग्रहों को ही पुनर्स्थापित करता है। राजा राममोहन राय एवं उन जैसे अन्य विशिष्ट समाज सुधारकों के भरसक प्रयत्नों के बावजूद भी स्थिति बराबर वैसी ही बनी रही। आज भी महिला-विरोधी पूर्वाग्रह पश्चिमी नारीवादी आंदोलनों के दबाव में किए गए थोड़े-बहुत परिवर्तनों के बावजूद वैसा ही बना हुआ है।

आज की बाजारवादी अर्थव्यवस्था—जिसके साथ सैकड़ों टी.वी. चैनलों को पनपाने के लिए उपभोक्तावाद, विज्ञापन और मनोरंजन उद्योग भी हैं—ने औरत को केवल भोग की वस्तु और यौन प्रतीक बना दिया है ताकि उसका इस्तेमाल ज्यादा से ज्यादा मुनाफा कमाने के लिए किया जा सके।

यहाँ 1850 के दशक के सामाजिक दार्शनिक हेरियट टेलर मिल और जॉन स्टुअर्ट मिल को विस्तार से उद्धृत करना उपयुक्त होगा। उन्होंने कहा था, "आदमी ने औरत के दिमाग को गुलाम बनाने के लिए सब कुछ अपना लिया। सभी गुलामों के मालिक आदेश पालन कराने या हुकूमत करने के लिए भय बनाये रखने पर विश्वास करते हैं। भय या तो उनका हो या फिर धर्म का हो। औरतों के मालिक साधारण आज्ञापालन से भी ज्यादा कुछ चाहते थे, और उन्होंने अपने इस उद्देश्य की पूर्ति के लिए शिक्षा के समस्त बल या प्रभाव को बदल दिया। सभी औरतों को उनके बचपन से ही यह

विश्वास दिलाया जाता है कि उनके स्वभाव व चरित्र का आदर्श आदमी के आदर्शों से विपरीत है, स्वेच्छा और आत्म-नियंत्रण से शासन नहीं बल्कि केवल समर्पण और दूसरों के नियंत्रण के अनुरूप आचरण।"

प्रसिद्ध लेखिका शर्लट ब्रांट के उपन्यास *'जेन आयर'* (1847) के एक गद्यांश को यहाँ उद्धृत करना प्रासंगिक होगा—"विद्यालय के नियम, विद्यालय के कर्तव्य, विद्यालय की आदतें और सिद्धांत, और आवाजें, और चेहरे, और मुहावरे, और परिधान, और प्राथमिकताएं और अनिच्छाएँ। यही सब था जिसे मैंने अपना अस्तित्व जाना, और अब मुझे लगता है यह सब पर्याप्त नहीं था। मैं एक दोपहर को आठ वर्ष के इस दैनिक अभ्यास से थक गई। मैंने स्वतंत्रता चाही, मैंने स्वतंत्रता के लिए आकांक्षा की, स्वतंत्रता के लिए प्रार्थना की, एक बार लगा कि मेरी प्रार्थना हवा में फैल गई, बिखर गई और फिर धीरे-धीरे बहने लगी। मैंने उसे छोड़ दिया और एक विनीत प्रार्थना बनाई, परिवर्तन के लिए, उत्तेजना के लिए, निवेदन के लिए, वह भी एक शून्य में उड़ गई, तब मैं चिल्लाई, चीखी, निराशा में, 'कम-से-कम मुझे नई गुलामी ही दे दो।' **हाँ अंततः दासता ही!**

इन्हीं ऊपर उद्धृत लेखकों—'मिलर्स'—ने स्त्री मुक्ति के लिए एक हल लगभग 150 वर्ष पहले सुझाया था जो आज भी सही लगता है। उनके द्वारा प्रस्तावित उपाय निम्नानुसार है—

- प्राथमिक विद्यालयों, उच्चतर विद्यालयों, विश्वविद्यालयों, चिकित्सा, न्याय और दर्शन शास्त्र की संस्थाओं में शिक्षा देना।
- श्रम और लाभ में सहभागिता, खतरे और उत्पादन करने वाले उद्योग के पारिश्रमिक में सहभागिता सुनिश्चित करना।
- नगरपालिकाओं, राज्य और राष्ट्रीय विधान परिषदों, न्यायालयों और कार्यपालिका के कानून की रचना एवं प्रशासन में समान सहभागिता सुनिश्चित करना।

भारतीय संदर्भ में मैं 'गरीबी हटाओ' को भी जोड़ना चाहूँगा। आर्थिक शक्ति के बिना सभी अन्य शक्तियाँ घटकर शून्य पर आ जाती हैं।

यह प्रस्तुति बताती है कि हम विगत 150 वर्षों में कितना चले हैं। अनुमान लगाया गया है कि यदि पृथ्वी की रचना को 24 घंटे की माप से नापा जाए तो आदमी के आविर्भाव को अभी केवल 22 सैकंड ही हुए हैं।

**कितना विजयी विचार है।**

**फिर भी एक विचार जो असीमित आशा की संभावना समेटे है।**

दहेज प्रथा : एक दुःस्वप्न

# दहेज प्रथा : एक दुःस्वप्न

कुछ समय पहले मीडिया में इस आशय का एक समाचार प्रकाशित हुआ कि इंग्लैंड में भारतीय मूल के एक उद्योगपति ने पेरिस में अपनी पुत्री के विवाहोत्सव में लगभग बीस लाख पाउंड स्टर्लिंग खर्च किए। बहुत अधिक समय नहीं हुआ जब भारत के ही एक हीरा व्यापारी ने अपने पुत्र का विवाह आसमान में हवाई जहाज में आयोजित किया था। दूसरी तरफ हाल ही में एक समाचार यह भी आया कि भारत के ही अधिकतम धनवान लोगों में से एक ने अपनी बेटी का विवाह एक सादे समारोह में बिना किसी शोर-शराबे या आडंबर के किया।

ऊपर लिखित सभी समाचार या वृत्तांत अभी हाल ही के हैं। फिर भी वे अलग-अलग मानसिकता वाले और अलग-अलग समय के जाल में फँसे लगते हैं।

पहला उदाहरण सामंती मानसिकता का प्रतिनिधित्व करता है, जिसमें वैभव का प्रदर्शन है, आडंबर है, और गुजरे जमाने के ऐशो-आराम तथा राजा-महाराजाओं की यादों को पुनः जीवित कर उनकी धन-संपत्ति तथा शक्ति से जनसामान्य को अभिभूत करने का प्रयास है। बाद का उदाहरण औद्योगिक तथा जागरूक प्रकृति का प्रतिनिधित्व करता है जिसमें सादगी, प्रगतिवादी मूल्यों व वैयक्तिक निजता को सँजोया गया है। इन दो परस्पर विरोधी मानसिकताओं से दहेज का घनिष्ठ संबंध है, जो कि लंबे समय से समाज के विनाश का कारण बना हुआ है।

दहेज प्रथा का उल्लेख भारत के आदि ग्रंथ *ऋगवेद* में भी है। दूल्हे की बरात का उल्लेख करने वाले लेखों व शिलालेखों में पशुओं तथा विवाह में दी गई भेंट सामग्री को भी दुल्हन के साथ दिखाया गया है। ग्रीक या यूनानी सभ्यता में दहेज नहीं देना विवाह की वैधता पर ही प्रश्न चिह्न लगाता था। पालक कायरियोस दुल्हन को दहेज देने के लिए उत्तरदायी था। हालांकि मिस्र देश के राजा फारोस के प्रारंभिक काल में महिलाओं को पैतृक संपत्ति में उत्तराधिकार प्राप्त था अतः वहाँ दहेज प्रथा का कोई प्रमाण नहीं मिलता।

निजी संपत्ति की अवधारणा और पितृसत्तात्मक समाज की स्थापना के बाद से औरत का सामाजिक स्तर शनैः-शनैः गिरने लगा। उसे संपत्ति में किसी भी प्रकार का अधिकार मिलना बंद हो गया। उस समय की परिस्थितियों की कल्पना करना मुश्किल नहीं है। विपुल भूसंपदा और अचल संपत्ति का बार-बार विभाजन या उप-विभाजन संभव नहीं था, तथापि सुरक्षा, संरक्षा, युद्ध जैसी घटनाओं का सामना करने, संक्रामक रोगों के फैलने और प्राकृतिक आपदाओं आदि को देखते हुए चल संपत्ति का कुछ भाग लड़कियों को भेंट स्वरूप प्रदान किया जाता था एवं यही रिवाज धीरे-धीरे दहेज प्रथा बन गया। प्रेम या स्नेहवश वे तमाम वस्तुएँ भी भेंट में दी जाने लगीं जिनकी दुल्हन अभ्यस्त हो जाती थी या जिनके प्रति उसका अधिक लगाव था। यहाँ यह लिखना प्रासंगिक व उपयुक्त है कि बाइबिल में घास-फूँस की चटाई और स्टूल जैसी वस्तुओं का भी उल्लेख है कि ये वस्तुएँ दुल्हन को उसके विवाह में भेंट स्वरूप दी जाती थीं। भारत के राजसी परिवारों में यह सामान्य प्रथा थी कि राजकुमारी के विवाह में हीरे-जवाहरात और स्वर्ण आभूषणों के साथ दासियाँ भी उसके नए घर भेजी जाती थीं। यह चलन सिर्फ भारत के राजसी परिवारों तक ही सीमित नहीं था। ब्रिटिश राजकुमार को विवाह में पुर्तगाली राजकुमारी के घर से बंबई द्वीप भेंट में मिला था।

इस सबसे यह प्रकट होता है कि नेक इरादों से प्रारंभ की गई इस प्रथा ने समय के साथ-साथ तथा व्यक्ति के लालच के कारण एक सामाजिक बुराई का रूप धारण कर लिया।

इस प्रथा ने समाज में ऐसा उत्पीड़न पैदा किया कि लड़की को उसके जन्म के साथ ही एक 'बोझ' माना जाने लगा। भले ही यह बात हँसी में कही जाती हो लेकिन इसका आशय गंभीर है कि लड़की जब भी पैदा हो

वह एक 'हुंडी' या प्रॉमिसरी नोट होती है जिसे बाद में ऋण चुका कर छुड़ाना पड़ता है जबकि लड़का बाद की तारीख का चेक (पोस्टडेटेड चेक) होता है, जिसका भुगतान बाद में उपयुक्त समय पर मिलता है। यह भेदभाव जन्म के समय से ही प्रारंभ हो जाता है। इसके परिणाम जीवन के हर पहलू पर लड़की की उपेक्षा के रूप में दिखते हैं। न सिर्फ उसके पालन-पोषण, स्वास्थ्य और शिक्षा के क्षेत्र में बल्कि खेल के मैदान और खिलौनों तक यही भेदभाव चलता है।

एक विशेष प्रकार का अनुकूलन उसके जन्म से ही प्रारंभ हो जाता है। इस अनुकूलन में धर्म ने भी बड़ी महत्त्वपूर्ण भूमिका अदा की है। सामाजिक संरचना के सारे मूल्य औरत को 'उसकी सही जगह' पर ही रखने के लिए बनाये जाते रहे हैं। दहेज प्रथा को समाज की स्वीकृति प्राप्त है और कई बार ऐसा भी होता है कि समाज के अगुआ लोगों या समान स्थिति के साथी लोगों द्वारा लड़की के माता-पिता को बेटी के विवाह में उसकी सीमा से अधिक व्यय करने पर विवश किया जाता है जिससे वह कर्ज में डूब जाता है। फलस्वरूप, कई लड़कियों का 'बदनसीब' पिता अंततः निर्धनता को प्राप्त हो जाता है। दहेज देने की क्षमता या हैसियत न होने के कारण कई लड़कियाँ अविवाहित रह जाती हैं, और समाज की तीखी एवं प्रतिकूल प्रतिक्रिया का शिकार बनती हैं।

शासन ने इस वास्तविकता को एक सामाजिक कुप्रथा के रूप में रेखांकित किया और दहेज पर प्रतिबंध लगाने के लिए 1961 में एक कानून बनाया, जिसे 1986 में संशोधित किया गया। विडंबना यह है कि इस कानून का पालन कम, उल्लंघन अधिक होता है। कड़वी सच्चाई यह है कि योग्यता और सामाजिक स्तर के अनुरूप अब दूल्हे बड़ी ऊँची कीमतों पर मिलते हैं। एक कंप्यूटर इंजीनियर, डाक्टर या एम.बी.ए. दूल्हा दस-बीस लाख रुपये में मिलता है। इसके साथ-साथ नये-से-नये मॉडल की कार, उच्चवर्गीय कालोनी में साज-सज्जायुक्त आवास, वैभवपूर्ण विवाह उत्सव और प्रतिष्ठापूर्ण स्थानों पर कम से कम तीन समारोह भी आवश्यक होते हैं। इस पूरे परिदृश्य में यह एक महत्त्वपूर्ण यथार्थ है कि माँग और पूर्ति की स्थिति यहाँ एक-सी होती है। नई उदारवादी अर्थव्यवस्था और उससे उपजी उपभोक्तावादी अर्थव्यवस्था के कारण तथा प्रभुत्व वर्ग की मिलीभगत से एक ऐसे नवधनाढ्य वर्ग का उदय हुआ है जिसकी व्यय क्षमता असीमित है। इस वर्ग के लोग हर क्षेत्र

में सबसे आगे हैं चाहे वह वित्त, उद्योग, संस्कृति और राजनीति का क्षेत्र हो या चाहे दिशा एवं मानक निर्धारित करने वाला सामाजिक क्षेत्र हो। सभी खुशी से लूट का माल आपस में बाँट रहे हैं और समय के बहाव में निर्द्वंद्व बह रहे हैं।

**धारा के विरुद्ध तैरने की हिम्मत किसमें है?**

सिख धर्म के पवित्र ग्रंथ *गुरुग्रंथ साहिब* में एक शबद (प्रार्थना) है—

"हे मेरे पिता, मुझे विवाह के तोहफे और दहेज के रूप में प्रभु का नाम दे।

मुझे अपने दायित्वों को पूरा करने के लिए विवाह के वस्त्र के रूप में प्रभु के नाम का आवरण एवं शोभा दे।

प्रभु की भक्तिपूर्ण आराधना के बाद विवाहोत्सव खूबसूरत और आनंददायक हो जाता है। गुरु ने, सच्चे गुरु ने यह भेंट दी है।

समस्त विश्व एवं ब्रह्मांड में प्रभु की महिमा ही व्याप्त है।

प्रभु की आभा का यह उपहार अक्षुण्ण है, जो बाँटने से कम नहीं होता। अन्य कोई दहेज जो मन्मुख हमें दिखाने को देता है केवल मिथ्या अभिमान तथा व्यर्थ का दिखावा है।

हे मेरे पिता, मुझे विवाह के तोहफे और दहेज के रूप में प्रभु का नाम दे।

**'हाँ, पुनः केवल एक प्रार्थना।'**

❐

# जनसंख्या नीति पुनरीक्षण

# जनसंख्या नीति पुनरीक्षण

कन्या भ्रूण हत्या विषय पर आयोजित कार्यशालाओं में भाग लेने वाले प्रतिभागी अकसर यह दलील देते हैं कि भारत में लिंगानुपात में गिरावट का एक कारण यह है कि परिवार का आकार घटता जा रहा है। सरकार भी इसके लिए प्रचार करती है और आम लोग भी इसके फायदों को समझने लगे हैं। शहरीकरण की प्रक्रिया, संयुक्त परिवारों का टूटना और एकाकी परिवारों का उदय, महानगरों में रहने के लिए जगह की कमी आदि कारणों से भी मध्यवर्ग छोटे परिवार का विकल्प अपनाने लगा है। एक कार्यशाला में एक प्रतिभागी ने जोर देकर कहा कि "प्रत्येक व्यक्ति एक पुत्र और पुत्री चाहता है इसलिए शिशु लिंगानुपात में गिरावट आ रही है।" कार्यशाला में आए अधिकतर सहभागियों ने इस विचार पर सहमति जतायी। यदि इस दलील पर संजीदगी से विचार किया जाए तो यह निष्कर्ष निकलता है कि पति-पत्नी अपने परिवार को दो बच्चों तक सीमित रखने का फैसला तभी लेते हैं, जबकि उनके दोनों बच्चे लड़के हों या एक लड़का और एक लड़की हो। दूसरे गर्भधारण के समय यदि पहली संतान बेटी है तो अधिकांश युगल यही चाहते हैं कि जन्म से पहले लिंग परीक्षण कराया जाए। यदि भ्रूण कन्या है तो वे कन्या भ्रूण हत्या में शरीक हो जाते हैं (यद्यपि अब ऐसी प्रवृत्ति भी विकसित हो रही है जबकि युगल न सिर्फ पहला बच्चा लड़का चाहते हैं, बल्कि दोनों ही बच्चे लड़के ही चाहते हैं। उन्हें लड़की स्वीकार्य ही नहीं है)।

यहाँ मुझे चीन की कहानी याद आती है। चीन में लोग एक बच्चे की नीति के विरुद्ध थे और चीन की सरकार को विवश होकर ग्रामीण इलाकों में रहने वाले ऐसे युगलों के लिए विशेष प्रावधान करने पड़े जिनकी पहली संतान बेटी थी। सन् 1988 से उन्हें दूसरा बच्चा पैदा करने की अनुमति मिल गई।

यह उपयुक्त होगा कि किसी निष्कर्ष पर पहुँचने से पहले हम विपरीत लिंगानुपात के संदर्भ में राष्ट्रीय जनसंख्या नीति को समझें। मार्च, 2000 में राष्ट्रीय जनसंख्या नीति की घोषणा की गई थी। इसमें प्रजनन स्वास्थ्य सेवाओं की उपलब्धता सुनिश्चित करने के लिए स्वैच्छिक एवं संसूचित विकल्प के साथ-साथ नागरिकों की सहमति प्राप्त करने के प्रति शासन की प्रतिबद्धता दर्शाई गई है। साथ ही परिवार नियोजन सेवाओं को निरंतर लागू करने में लक्ष्य मुक्त दृष्टिकोण की वचनबद्धता व्यक्त की गई है। राष्ट्रीय जनसंख्या नीति, 2000 का तात्कालिक लक्ष्य गर्भनिरोधक साधनों की बढ़ी हुई माँग को पूरा करना, स्वास्थ्य सुविधाओं के लिए बुनियादी ढाँचे का निर्माण, स्वास्थ्य कर्मचारियों की नियुक्ति तथा प्रजनन एवं शिशु स्वास्थ्य आदि के लिए एकीकृत सेवाएँ प्रदान करना है। कुल प्रजनन दर (एक महिला पूरे जीवन में कुल कितने बच्चों को जन्म देगी) को सशक्त अंतर्क्षेत्रीय क्रियान्वयन कार्य योजना के द्वारा 2010 तक पुनर्स्थापन स्तर तक लाना मध्यम अवधि का लक्ष्य है। वर्ष 2045 तक टिकाऊ आर्थिक विकास, सामाजिक प्रगति और पर्यावरण संरक्षण के सुसंगत स्तर की आवश्यकताओं की पूर्ति करने वाली स्थिर जनसंख्या प्राप्त करना दीर्घावधि लक्ष्य है।

इन लक्ष्यों की पूर्ति हेतु कुछ सामाजिक जनसांख्यिकीय लक्ष्य 2010 तक प्राप्त किए जाने हैं। उनमें से कुछ महत्त्वपूर्ण एवं प्रासंगिक लक्ष्य निम्नानुसार हैं :

- प्रजनन तथा शिशु स्वास्थ्य, आपूर्ति एवं बुनियादी ढाँचे संबंधी आवश्यकताओं को पूरा करना।
- 14 वर्ष की आयु तक स्कूल शिक्षा को अनिवार्य एवं निःशुल्क करना, प्राथमिक और माध्यमिक स्कूलों के स्तर पर स्कूल छोड़कर जाने वालों की संख्या को लड़के तथा लड़कियाँ दोनों के लिए 20 प्रतिशत से कम पर लाना।

- शिशु-मृत्यु दर को 30/1000 जीवित जन्म से नीचे लाना।
- माता-मृत्यु दर को 100/100,000 जीवित जन्म से नीचे लाना।
- लड़कियों की देर से विवाह करने की प्रवृत्ति को बढ़ावा देना, 18 वर्ष से पहले नहीं और यथासंभव 20 वर्ष के बाद विवाह करने के लिए प्रोत्साहित करना।
- सभी को सूचना/सलाह और प्रजनन क्षमता नियंत्रण और तरह-तरह के विकल्पों के साथ गर्भनिरोधक सेवाएँ उपलब्ध कराना।
- जन्म, मृत्यु, विवाह तथा गर्भधारण का शत-प्रतिशत पंजीकरण करना।
- छोटे परिवार के सिद्धांत को मजबूती से बढ़ावा देना ताकि कुल प्रजनन दर के पुनर्स्थापन स्तर को प्राप्त किया जा सके।
- सामाजिक क्षेत्र के कार्यक्रमों के क्रियान्वयन को एकजाई कर केंद्रित करना ताकि परिवार कल्याण कार्यक्रम जनकेंद्रित कार्यक्रम बन सकें।

भारत सरकार के परिवार कल्याण विभाग ने संयुक्त राष्ट्र जनसंख्या कोष के साथ मिल कर एक विवरणिका जारी की है—*जनसंख्या : प्रश्न और उत्तर*—इस विवरणिका में बताया गया है कि कुछ अनुमानों के अनुसार 1991-2001 की अवधि में जनसंख्या वृद्धि का लगभग 70 प्रतिशत 'जनसंख्या गति' के कारण था, जबकि अनचाहे प्रजनन ने लगभग 25 प्रतिशत का योगदान दिया। केवल 5-6 प्रतिशत जनसंख्या वृद्धि अधिक बच्चे होने की चाहत के कारण थी।

राष्ट्रीय जनसंख्या नीति, 2000 का कहना है कि "प्रजनन-योग्य आयु समूह को अविलंब 'छोटे परिवार का सिद्धांत' अपनाना चाहिए क्योंकि लगभग 45 प्रतिशत जनसंख्या वृद्धि प्रति परिवार में दो से अधिक बच्चों के जन्म के कारण है।"

स्पष्ट है कि जो लोग अपने परिवार को 'छोटे परिवार का सिद्धांत' के अनुरूप सीमित रखना चाहते हैं ऐसे लोगों के बारे में आँकड़े अलग-अलग हैं।

भारत सरकार के परिवार कल्याण विभाग ने संयुक्त राष्ट्र जनसंख्या कोष के साथ दूसरी विवरणिका जनसंख्या से संबंधित गलत धारणाओं पर जारी की है। एक मिथक और मिथ्या धारणा का उत्तर निम्नानुसार है—

**मिथक** : दो बच्चों का मानदंड अपनाना न केवल जनसंख्या और विकास की दृष्टि से उपयोगी है बल्कि औरतों के स्वास्थ्य के लिए भी अच्छा है।

**उत्तर** : मानदंड का अर्थ होता है व्यक्ति द्वारा नहीं बल्कि राज्य द्वारा प्रायोजित और प्रोत्साहित प्रथा। (चूंकि राष्ट्रीय जनसंख्या नीति छोटे परिवार के सिद्धांत के संबंध में बात करती है, इसलिए यह स्पष्ट नहीं है कि संयुक्त राष्ट्र जनसंख्या कोष और भारत सरकार विपरीत लक्ष्यों पर काम कर रहे हैं)। दो बच्चों के मानदंड के आदर्श को बेटे की चाह के संदर्भ में समझा जाना चाहिए जो भारतीय समाज की विशेषता है। अगर सरकार दो बच्चों का मानदंड लागू करेगी तो लोग बड़े पैमाने पर भ्रूण का लिंग परीक्षण कराएँगे और चुन-चुन कर लड़की भ्रूण का गर्भपात कराएँगे।

जाहिर है कि राष्ट्रीय जनसंख्या नीति के संपूर्ण अभियान को बड़े असंगत तरीके से संचालित किया जा रहा है जिसके फलस्वरूप एक भ्रमित संदेश उत्पन्न हो रहा है। एक ओर जहाँ सरकार पी.सी. एण्ड पी.एन.डी.टी. एक्ट की घोषणा करती है जो भ्रूण हत्या हेतु लिंग परीक्षण को एक कानूनी अपराध घोषित करता है, वहीं दूसरी ओर ऊपर उल्लिखित साहित्य की व्याख्या में दो बच्चों वाले सिद्धांत को पुष्ट किया गया है और यह अप्रत्यक्ष रूप से कन्या भ्रूण हत्या के मसले की अनदेखी करता लगता है।

राष्ट्रीय जनसंख्या नीति 2000 ने रणनीति हेतु 12 विषयों की पहचान की है ताकि वर्ष 2010 तक राष्ट्रीय सामाजिक जनसांख्यिकीय लक्ष्यों को प्राप्त किया जा सके। इनमें से एक महत्त्वपूर्ण विषय का संबंध छोटे परिवार के सिद्धांत को अंगीकार करने हेतु बढ़ावा देने एवं प्रेरित करने से संबंधित कदमों से है। इसमें कहा गया है कि जो पंचायतें जन्म, मृत्यु, विवाह और गर्भधारण का पंजीकरण करने, छोटे परिवार के सिद्धांत को सार्वजनिक स्वरूप देने, सुरक्षित प्रसव को बढ़ावा देने, शिशु-मृत्यु दर एवं मातृ-मृत्यु दर को कम करने, 14 वर्ष की आयु तक अनिवार्य शिक्षा को बढ़ावा देने आदि क्षेत्रों में उदाहरण योग्य कार्य करेंगी, उन्हें राष्ट्रीय स्तर पर मान्यता प्रदान की जाएगी तथा सम्मानित किया जाएगा। जाहिर है कि इस प्रोत्साहन में सही लिंगानुपात को सम्मिलित न करने के कारण, विपरीत लिंग अनुपात की

समस्या की उपेक्षा मुखर रूप से दिखायी देती है। इसलिए समय की माँग है कि इन उद्देश्यों की सूची में उपयुक्त शिशु लिंगानुपात को भी शामिल किया जाए।

वर्ष 2045 तक स्थिर जनसंख्या स्तर तक पहुँचने के लिए हमें जनसंख्या वृद्धि की समस्या से जूझना ही होगा। राष्ट्रीय जनसंख्या नीति 2000 के अनुसार देश की 58 प्रतिशत जनसंख्या प्रजनन योग्य आयु समूह में है तथा 41.72 करोड़ अतिरिक्त लोगों की वर्ष 1991 से 2016 के बीच और बढ़ जाने की संभावना है। जनसंख्या वृद्धि की यह गति कुछ समय तक और चलती रहेगी क्योंकि अतीत में कुल प्रजनन दर ऊँची रही है, जिसके कारण आज की जनसंख्या का बड़ा भाग प्रजनन योग्य आयु सीमा में है। इन आँकड़ों के आधार पर यह निष्कर्ष निकाला जा सकता है कि चूंकि भारत में वर्ष 2001 तक पहले से ही महिलाओं की संख्या 3.6 करोड़ कम थी एवं यदि इसी प्रकार लिंग अनुपात बना रहा तो वर्ष 2016 तक 7.5 लाख महिलाओं की और कमी हो जाएगी तथा भीषण जनसंख्या असंतुलन पैदा हो जाएगा।

अतः उपरोक्त संदर्भ में इस विषय पर जोर देने की तत्काल आवश्यकता है ताकि भविष्य में लिंग अनुपात के असंतुलन का सामना न करना पड़े। तात्कालिक आवश्यकता इस बात की है कि तुरंत एक प्रभावी जागरूकता अभियान चलाया जावे। इसके लिए छोटे परिवार के साथ-साथ एक संतुलित समाज की रचना के लिए भी जोर देना होगा।

जनसंख्या स्थिरीकरण के संपूर्ण अभियान में जोर छोटे परिवार के सिद्धांत को लागू करने पर ज्यादा है, जबकि लिंग पक्षपात से बचने का पहलू इस अभियान में पूर्णतः उपेक्षित हो गया है। इससे आम जनता में यह गलत संदेश जा रहा है कि जनसंख्या की नीति के लक्ष्य को प्राप्त करने के लिए दो पुत्रों का होना ही पर्याप्त होगा। छोटे परिवार के सिद्धांत को लिंग पक्षपात से मुक्त न रखने की त्रुटि के गंभीर परिणाम होंगे जिसे कि नीति निर्धारकों ने ठीक से महसूस नहीं किया है, इसीलिए शायद इस मामले में सही संदेश उपलब्ध नहीं है। अतः आवश्यकता इस बात की है कि इस भूल पर गंभीरता से चिंतन किया जाए ताकि चीन का अनुभव टाला जा सके अन्यथा कहीं हमारी जनसंख्या नीति भी घास के तिनके की तरह न उड़ जाए। ❐

# वादा न तोड़ो

# वादा न तोड़ो

भारत के वित्त मंत्री ने वर्ष 2005 के बजट अभिभाषण के समय कहा था : "भारत सहित दुनिया के देशों ने सहस्राब्दी (मिलेनियम) के विकास लक्ष्य निर्धारित किए हैं। हमारी नियति की तिथि शताब्दी के अंत में समाप्त नहीं होती बल्कि 2015 में होती है। क्या हम ये लक्ष्य प्राप्त कर सकेंगे? जो ग्यारह वर्ष शेष बचे हैं, वे हमारे हाथ में हैं, ताकि हम अपनी नियति को आकार दे सकें। प्रगति सदैव सीधे पथ पर नहीं चलती और न ही यह अपरिहार्य है।"

सहस्राब्दी विकास लक्ष्य आज विश्व की विभिन्न सरकारों के कार्यों के आकलन के सूचक हैं। सितंबर 2000 में संयुक्त राष्ट्र शिखर बैठक में विश्व भर के नेताओं ने गरीबी, भूख, बीमारी, निरक्षरता, पर्यावरण नाश और महिलाओं के विरुद्ध भेदभाव आदि से लड़ने के लिए समयबद्ध और मापयोग्य लक्ष्य निर्धारित किए थे। सहस्राब्दी विकास लक्ष्यों की भारत में भी वैधानिक प्रतिबद्धता है, क्योंकि दुनिया के 188 अन्य देशों के साथ भारत सरकार भी उस संयुक्त राष्ट्र चार्टर पर हस्ताक्षर कर चुकी है।

सहस्राब्दी विकास लक्ष्य संख्या में आठ हैं, एवं इससे संबंधित 18 टार्गेट तथा 48 सूचक हैं। ये लक्ष्य निम्नानुसार हैं—

1. अत्यधिक गरीबी और भूख को समाप्त करना
2. सार्वभौमिक प्राथमिक शिक्षा
3. लैंगिक समानता को बढ़ावा देना तथा महिला सशक्तीकरण के लिए प्रयास करना

4. शिशु मृत्यु दर को कम करना
5. माता के स्वास्थ्य को सुधारना
6. एच.आई.वी/एड्स, मलेरिया तथा अन्य बीमारियों से लड़ना
7. पर्यावरण का स्थायित्व सुनिश्चित करना
8. विकास के लिए वैश्विक सहयोग विकसित करना

लैंगिक समानता को बढ़ावा देने तथा महिला सशक्तीकरण के लिए प्रयास करने के सहस्राब्दी विकास लक्ष्य के अंतर्गत जो टार्गेट निर्धारित किए गए हैं, उनमें प्राथमिक एवं माध्यमिक शिक्षा के स्तर पर वर्ष 2005 तक लैंगिक असमानता को समाप्त करने तथा अन्य सभी स्तरों पर वर्ष 2015 तक लैंगिक असमानता को समाप्त करने का प्रावधान किया गया है, एवं इस टार्गेट को प्राप्त करने के लिए जो प्रयास किए जाएँगे उनकी निगरानी और आकलन के लिए विभिन्न सूचक इस प्रकार हैं—

1. प्राथमिक, माध्यमिक एवं तृतीयक शिक्षा में लड़कों और लड़कियों का अनुपात
2. 15 से 24 वर्ष की आयु में साक्षर महिलाओं और पुरुषों का अनुपात
3. गैर कृषि क्षेत्र में मजदूरी आधारित रोजगारों में महिलाओं की भागीदारी की स्थिति
4. राष्ट्रीय संसद में महिलाओं द्वारा प्राप्त स्थानों का अनुपात

सहस्राब्दी विकास लक्ष्य हमें अपनी प्राथमिकताएँ निर्धारित करने के लिए आधार देते हैं जो कि स्थानीय समाज एवं संस्कृतिपरक होती हैं ताकि इनसे राष्ट्र में न्यायसंगत और स्थायी विकास हो सके और हाशिये पर रहने वाली जनसंख्या के अधिकार सुनिश्चित किए जा सकें। भारत में राष्ट्रीय विकास लक्ष्य पंचवर्षीय योजनाओं में निर्धारित किए जाते हैं। इसी आधार पर वर्तमान सरकार ने साझा न्यूनतम कार्यक्रम बनाया है, ताकि गरीब आदमी की स्थिति में सुधार आ सके।

दसवीं पंचवर्षीय योजना के अंतर्गत निर्धारित राष्ट्रीय लक्ष्य निम्नानुसार हैं—

1. वर्ष 2007 तक प्राथमिक शिक्षा में लैंगिक असमानता को समाप्त करना
2. वर्ष 2007 तक साक्षरता दर में लैंगिक असमानता को घटाकर आधा करना

3. वर्ष 2007 तक मजदूरी की दर के अंतर को घटा कर आधा करना

साझा न्यूनतम कार्यक्रम के लक्ष्य निम्नानुसार हैं—

1. विधानसभा और लोकसभा में महिलाओं के लिए एक तिहाई आरक्षण का कानून पारित करना
2. पंचायतों को मिलने वाले वित्तीय आवंटन में से कम-से-कम एक तिहाई को महिलाओं और बच्चों के कार्यक्रम के लिए चिह्नित कर सुनिश्चित करना
3. महिलाओं को भूमि व आवास आदि संपत्ति में समान स्वामित्व के अधिकार देने वाला नया विधेयक पारित करना

'वादा न तोड़ो अभियान' के घटक संगठन मानते हैं कि केंद्र और राज्यों की सरकारें विभिन्न वैधानिक स्वरूपों में नागरिकों के कल्याण हेतु वायदे करती हैं। दुर्भाग्य से इन वादों को अधिकांशतः गंभीरता से पूरा नहीं किया जाता। इसके पीछे कमजोर राजनीतिक इच्छाशक्ति, अपर्याप्त योजना या अपर्याप्त स्रोत आवंटन प्रमुख कारण होते हैं। ये संगठन महसूस करते हैं कि राज्य या राजनीतिक व्यवस्था द्वारा वायदों को पूरा करने हेतु किए जाने वाले शिथिल प्रयासों का प्रमुख कारण सरकार को उत्तरदायी बनाने हेतु सामान्य नागरिकों द्वारा उठाई जाने वाली कमजोर और अपर्याप्त आवाज है।

इन्हीं तथ्यों को ध्यान में रखते हुए अभियान ने सरकारों के वायदों का एक वास्तविक मिलान (जाँच पड़ताल) किया है तथा उसे (Securing Right—Citizens Report on MDGs) 'अधिकार प्राप्ति—सहस्राब्दी विकास लक्ष्यों पर नागरिकों की रपट' शीर्षक से प्रकाशित किया है। इस रिपोर्ट के पाँच अध्याय हैं, जिसमें चार सहस्राब्दी विकास लक्ष्यों स्वास्थ्य, शिक्षा, गरीबी हटाने और पर्यावरण के स्थायित्व, विशेष रूप से पेयजल की उपलब्धता को समर्पित है। पाँचवें अध्याय को 'जनता बोलती है' शीर्षक दिया गया है। इसमें 1500 गाँवों के हजारों लोगों के साथ परिसंवादों या वार्तालाप की रिपोर्ट प्रस्तुत की गई है। रिपोर्ट में रंग, जाति, वंश आदि के आधार पर मौलिक अधिकारों से वंचित रखने तथा इस जनसंख्या के कितने लोग इस प्रकार से वंचित किए जाने के विरोध में खड़े होते हैं, आदि का समावेश है।

जो बिंदु यहाँ विशेष उल्लेखनीय है वह यह है कि ये लक्ष्य और कार्यक्रम भी जनसंख्या में लैंगिक असंतुलन की समस्या को संबोधित नहीं करते और न ही सोनोग्राफी या दूसरी तकनीक के दुरुपयोग को रोकने के लिए किसी नियंत्रण की आवश्यकता को रेखांकित करते हैं। इस बात को समझा जाना चाहिए कि सभी समाजों में पुत्र प्राप्ति को प्राथमिकता देने की बात प्रकाश में आने के बावजूद यह पक्ष उपेक्षित रहा है। यह उपेक्षा पीसी एंड पीएनडीटी एक्ट के पारित हो जाने के बावजूद विद्यमान है, जो कि लिंग परिक्षण तथा लिंग परिक्षण आधारित गर्भपात के विरुद्ध है। यद्यपि प्रधानमंत्री तथा अन्य महत्त्वपूर्ण नेतागण और विभिन्न सामाजिक संस्थाएँ इस मामले को अनेक मंचों पर उठा रहे हैं, परंतु इसका उल्लेख सहस्राब्दी विकास लक्ष्यों, राष्ट्रीय विकास लक्ष्यों और साझा न्यूनतम कार्यक्रम आदि किसी कार्यक्रम में नहीं है। और तो और 'वादा न तोड़ो अभियान' में, जहाँ 1500 गाँवों के लोगों के बीच संवाद हुआ है, वहाँ भी इस मुद्दे को नहीं उठाया गया है।

यह बड़ी निराशाजनक स्थिति है कि कन्या भ्रूण हत्या की प्रवृत्ति शहरी क्षेत्रों के शिक्षित लोगों, प्रोफेशनल व्यक्तियों और उच्च स्तरीय जनसंख्या के बीच अधिक स्पष्ट दिखायी देती है। यह उन लोगों के बीच भी स्पष्ट दिखती है जो अभी-अभी बड़े शहरों या कस्बों में आए हैं, एवं उनकी जड़ें ग्रामीण क्षेत्रों में ही हैं लेकिन वे अभी भी सामंती मानसिकता में जकड़े हुए हैं। जनसंख्या के जिस भाग ने हाल ही में एक नया रुतबा प्राप्त कर लिया है, वह आडंबरपूर्ण शादियों तथा भरपूर दहेज आदि के दिखावे में व्यस्त है। ऐसी स्थिति में कोई आश्चर्य नहीं कि बेटी जन्म से पहले ही एक बोझ की भाँति लगने लगे।

इन तथ्यों से नजरियों में बदलाव के दूसरे पहलू भी सामने आ रहे हैं। वैश्वीकरण की द्रुत गति से व्यक्तिगत इच्छा को बल मिला है, जो कि सामूहिक सामाजिक भावना के विरुद्ध है और व्यक्ति को समाज और राष्ट्र के व्यापक महत्त्व को समझने से विकर्षित करती है। इसने चैक और बैलेन्स की पारंपरिक पद्धति को तोड़ा है और इसकी स्वाभाविक परिणिति के रूप में विवाह पूर्व पति-पत्नी की तरह रहने, एकाकी परिवार तथा एक शिशु सिद्धांत जिसमें लड़के की माँग होती है, जैसी प्रवृत्तियों को मार्ग मिला है।

इसलिए इस मुद्दे को नेपथ्य से उठाकर सामने लाना होगा और इस पक्ष

को समानता तथा महिला सशक्तीकरण से संबंधित सभी कार्यक्रमों में नीतिगत रूप से सम्मिलित करने की आवश्यकता को समझना होगा। इस लक्ष्य की सफलता या विफलता को राष्ट्रीय व अंतर्राष्ट्रीय समयबद्ध लक्ष्यों की सफलता और विफलता के मूल्यांकन के साथ सम्मिलित करना होगा।

यह स्पष्ट रूप से समझा जाना आवश्यक है कि इस समस्या का सामना दृढ़ता से करने के लिए आवश्यक सामाजिक एवं राजनीतिक इच्छाशक्ति निर्मित करने में संगठित प्रयास के अभाव में एक समय ऐसा आएगा जब लैंगिक समानता और महिला सशक्तीकरण के प्रश्न ही अतिशयोक्ति बन जाएँगे क्योंकि महिला सशक्त बनने की अपेक्षा विलुप्त ही हो जाएगी।

❐

# विपदा आने से पहले

# विपदा आने से पहले

विपरीत लिंग अनुपात की समस्या के समाधान हेतु विभिन्न संस्थाओं द्वारा समय-समय पर आयोजित जागरूकता एवं उन्मुखीकरण कार्यशालाओं को संबोधित करते समय एक दलील बार-बार मेरे सामने आई है कि हमारे देश में गर्भपात को वैधानिक मान्यता दिए जाने के कारण कन्या भ्रूण हत्या के प्रचलन को संबल मिल रहा है, सहयोग मिल रहा है। लिंग परीक्षण के उपरांत एक गर्भवती महिला आसानी से उदार गर्भपात कानून का लाभ लेकर अपना गर्भपात करा सकती है।

सबसे पहले देश में गर्भपात के परिदृश्य को समझना आवश्यक एवं महत्त्वपूर्ण होगा। प्रतिवर्ष लाखों महिलाओं को अवांछित गर्भ का सामना करना पड़ता है। कुछ अवांछित गर्भ अपनी अवधि पूरी कर लेते हैं, जबकि कुछ स्वतः गर्भपात से समाप्त हो जाते हैं। अनेक अन्य गर्भ, गर्भपात कर समाप्त किए जाते हैं। इनमें से केवल कुछ गर्भपात ही वैधानिक होते हैं। अधिकांश अवैधानिक होते हैं और अकुशल हाथों से किए जाते हैं, जो कि पूर्णतः असुरक्षित भी होते हैं।

असुरक्षित गर्भपात उसे कहा जाता है जिसमें अवांछनीय गर्भ को या तो उस व्यक्ति द्वारा समाप्त किया जाता है, जिसे आवश्यक कौशल प्राप्त न हो, या फिर उस वातावरण में गर्भपात किया गया हो, जहाँ स्वास्थ्य सुरक्षा के स्तर की न्यूनतम सुविधाएँ उपलब्ध न हों, या फिर दोनों ही प्रकार की स्थितियाँ हों। एक अध्ययन के अनुसार

भारत में लगभग 67 लाख गर्भपात अप्रशिक्षित सेवा प्रदायकर्ताओं द्वारा बिना मान्यता प्राप्त स्थलों पर किए जाते हैं।

यह आवश्यक है कि हम गर्भपात से संबंधित संपूर्ण परिदृश्य के विस्तृत चित्रण हेतु अतीत की ओर भी एक निगाह डालें। वर्ष 1994 में काहिरा में आयोजित अंतर्राष्ट्रीय जनसंख्या और विकास सम्मेलन में सरकारें इस घोषणा पर सहमत हुई थीं कि ''परिवार नियोजन पद्धति के लिए किसी भी स्थिति में गर्भपात को प्रोत्साहित नहीं किया जाना चाहिए। सभी सरकारों तथा संबंधित अंतर-शासकीय और अशासकीय संस्थाओं को आह्वान किया जाता है कि वे महिला स्वास्थ्य हेतु अपनी प्रतिबद्धता को सुदृढ़ करें, ताकि असुरक्षित गर्भपात के स्वास्थ्य संबंधी पहलू को लोक स्वास्थ्य का एक बड़ा मसला बनाया जा सके और परिवार नियोजन के विस्तृत एवं विकसित तरीकों की उपलब्धता के द्वारा गर्भपात की प्रक्रिया पर आश्रय को कम-से-कम किया जा सके। अवांछित गर्भाधान की रोकथाम को सर्वोच्च प्राथमिकता दी जानी चाहिए तथा गर्भपात की आवश्यकता को ही समाप्त करने का प्रत्येक प्रयास किया जाना चाहिए।''

रजस्वला होने की आयु और विवाह की आयु में बढ़ता अंतर, ग्रामीण तथा दूरस्थ क्षेत्रों के घरों में गर्भ निरोध के अस्थायी साधनों की सीमित पहुँच, तथा छोटे परिवार की इच्छा आदि के कारण भी अवांछनीय गर्भधारण की संख्या में उल्लेखनीय इजाफा हुआ है और इसीलिए हमारे देश में गर्भपात की दर बढ़ गई है।

गर्भपात के समर्थक बड़ी प्रखरता से यह तर्क देते हैं कि गर्भपात को सुरक्षित बनाने के लिए उसे वैधानिक बनाना जरूरी है। वे यह तर्क भी देते हैं कि गर्भपात पर बने कानून और नीतियाँ प्रजनन नियंत्रण एवं महिलाओं की गर्भपात की आवश्यकता की जनस्वीकृति के प्रतीक हैं। साथ ही ये गर्भ निरोध एवं गर्भ निरोधक साधनों की सीमितता की स्वीकार्यता तथा महिलाओं के द्वारा बच्चों की संख्या तथा उनमें अंतर का निर्णय स्वयं कर सकने के अधिकार को भी प्रदर्शित करते हैं। इसके अतिरिक्त इन कानूनों और नीतियों से महिलाओं को माँ के रूप में उनके सम्मान और उत्तरदायित्वों को मान्यता भी मिलती है।

इस तर्क की आगे व्याख्या करने से पहले विभिन्न देशों में गर्भपात की कानूनी स्थिति को समझना बेहतर होगा। विभिन्न कानून गर्भपात पर

व्यक्तिगत चुनाव और राज्यों की प्रतिबद्धता बनाम राज्य के नियंत्रण के विभिन्न समुच्चयों को स्वीकृति प्रदान करते हैं। स्वीडन को एक ''सामर्थ्य प्रदान करने वाले'' कानून का देश कहा जाता है, जिसमें राज्य चुनाव की स्वतंत्रता देता है और उसके क्रियान्वयन के साधन भी उपलब्ध कराता है। आयरलैंड का कानून प्रतिबँधात्मक है। यहाँ राज्य व्यक्तिगत निर्णय की इजाजत नहीं देता और साथ ही इसके क्रियान्वयन को हतोत्साहित एवं वर्जित करता है। संयुक्त राज्य अमेरिका को एक 'प्रतिरोधक कानून' वाला देश कहा जाता है जिसमें व्यक्ति को गर्भपात चुनाव की अनुमति तो प्राप्त है परंतु राज्य द्वारा किसी प्रकार की सेवाएँ प्रदान नहीं की जातीं। दूसरी ओर इजरायल के कानून को 'दखल देने वाला' कानून कहा जाता है जिसमें व्यक्ति के स्वविवेक से निर्णय लेने की स्वतंत्रता को सीमित करते हुए सभी प्रकार के गर्भपात के लिए राज्य का अनुमोदन प्राप्त करना होता है, हालाँकि राज्य द्वारा अनुमोदन प्राप्त सभी गर्भपातों को सेवाएँ व सुविधाएँ प्रदान की जाती हैं। भारत में हम इस कानून को किसी भी जटिल श्रेणी में नहीं रख सकते, इसलिए इसे 'लचीले कानून' वाली श्रेणी में रखा जा सकता है।

भारत में गर्भपात विस्तृत चिकित्सकीय एवं सामाजिक आधारों पर वैधानिक है। द मेडिकल टर्मिनेशन आफ प्रिगनेन्सी एक्ट (एम.टी.पी. एक्ट) 1971 में पारित किया गया तथा वर्ष 2002 में इसे संशोधित किया गया। उल्लेखनीय है कि जब इस कानून को लागू किया गया था तब लिंग परीक्षण तथा कन्या भ्रूण हत्या की समस्या इस सीमा तक सामने नहीं आई थी।

एम.टी.पी. एक्ट की धारा 3 में उल्लेख है कि एक पंजीकृत चिकित्सक गर्भाधान को उन परिस्थितियों में समाप्त कर सकता है, जब उसके विचार से गर्भ के बने रहने से गर्भवती महिला के जीवन को खतरा हो सकता हो या उसके शारीरिक अथवा मानसिक स्वास्थ्य को गंभीर आघात पहुँच सकता हो या यदि बच्चे को किसी विशेष खतरे की संभावना हो, वह शारीरिक या मानसिक रूप से असामान्य हो या गंभीर रूप से विकलांग हो सकता हो।

यहाँ यह उल्लेख करना भी महत्त्वपूर्ण होगा कि इस एक्ट के अनुसार यदि किसी विवाहित महिला या उसके पति द्वारा बच्चों की संख्या को

सीमित करने के लिए अपनाए गए किसी साधन के असफल होने से कोई गर्भधारण होता है तो इस प्रकार के अनचाहे गर्भ से महिला को होने वाले कष्ट को गर्भवती महिला के मानसिक स्वास्थ्य को गंभीर आघात होना माना जाएगा।

एक पंजीकृत चिकित्सक बारह सप्ताह तक की अवधि के गर्भ का समापन कर सकता है, परंतु बारह सप्ताह से बीस सप्ताह तक की अवधि के गर्भ का समापन करने के लिए दो पंजीकृत चिकित्सकों का होना आवश्यक है। बीस सप्ताह से अधिक की अवधि के गर्भ के गर्भपात की अनुमति नहीं है। गर्भधारण की अवधि तथा कम से कम दो पंजीकृत चिकित्सकों के अभिमत की अनिवार्यता का प्रावधान उस स्थिति में लागू नहीं होता जहाँ पंजीकृत चिकित्सक की राय में गर्भवती महिला की जीवनरक्षा के लिए गर्भपात करना तत्काल आवश्यक है।

गर्भ समापन करने के लिए विभिन्न परिस्थितियाँ निम्नानुसार हैं—

1. गर्भवती महिला के जीवन की रक्षा करने के लिए।
2. गर्भवती महिला के शारीरिक और मानसिक स्वास्थ्य को गंभीर आघात से बचाने के लिए।
3. यदि इस खतरे की ठोस संभावना हो कि शिशु के जन्म के बाद उसे कोई असामान्य शारीरिक या मानसिक असमानताएँ हो सकती हैं या वह गंभीर रूप से विकलांग हो सकता है, तो ऐसे खतरों से बचाने के लिए।
4. यदि गर्भवती महिला द्वारा यह आरोप लगाया गया हो कि यह गर्भ उस पर हुए बलात्कार का परिणाम है।
5. यदि गर्भधारण पति-पत्नी द्वारा बच्चों की संख्या को सीमित रखने के लिए अपनाए गए किसी गर्भ निरोधी उपाय अथवा साधन की असफलता के कारण हुआ हो।

मेरे मत में जहाँ तक बिंदु क्रमाँक 1, 3, 4 के आधार पर गर्भ समाप्त करने का प्रश्न है, इन परिस्थितियों में गर्भपात की आवश्यकता निर्विवाद है और इनमें दो मत नहीं हो सकते, परंतु क्रमाँक 2 में उल्लिखित शब्दों, "गर्भवती महिला के शारीरिक एवं मानसिक स्वास्थ्य को गंभीर आघात से बचाने के लिए", की व्यक्तिपरक व्याख्या इस एक्ट के दुरुपयोग का स्रोत बन सकती है एवं ऐसी परिस्थिति में एक्ट का क्रियान्वयन इसके वास्तविक

आशय के अनुरूप नहीं होगा। इसी प्रकार बिंदु 5 भी इस कानून का जनसंख्या नियंत्रण हेतु गर्भ निरोधक साधन के रूप में उपयोग करने की संभावना हेतु चोर दरवाजा खुला रहने का अवसर प्रदान करता है जो कि काहिरा घोषणा की आधार नीतियों के विपरीत है। आज गर्भपात की अधिकांश घटनाएँ इस एक्ट के इन्हीं लचीले प्रावधानों का लाभ उठाकर की जा रही हैं। यह स्पष्ट रूप से कहा जा सकता है कि सोनोग्राफी जैसी सुविधाओं की सहज उपलब्धता और एम.टी.पी. एक्ट के इन लचीले प्रावधानों के कारण ही विपरीत लिंगानुपात जैसी समस्याओं ने भयावह स्थिति धारण कर ली है।

एम.टी.पी. एक्ट के दुरुपयोग को रोकने के लिए वैधानिक नियम सिद्धांतों को स्पष्टतः परिभाषित किया गया है। यदि कोई ऐसा व्यक्ति जो पंजीकृत चिकित्सक नहीं है, गर्भपात करता है तो उसे अपराध माना जाएगा तथा उसे कम से कम दो वर्ष के कठोर कारावास जो कि सात वर्षों तक बढ़ाया जा सकता है, की सजा हो सकती है। इसी प्रकार धारा 4 में उल्लिखित स्थान के अतिरिक्त अन्य किसी स्थान पर किए गए गर्भपात को भी अपराध माना जाएगा तथा ऐसी स्थिति में भी कम से कम दो वर्ष, जिसे सात वर्षों तक बढ़ाया जा सकता है, का कठोर कारावास दिया जा सकता है।

गर्भपात की तीन घंटे की अवधि में ही प्रत्येक पंजीकृत चिकित्सक प्रारूप 'एक' में यह प्रमाणित करता है कि बिंदु क्रमाँक 1 से 5 (जो ऊपर दर्शाये गए हैं) के कारणों के अंतर्गत गर्भपात करना आवश्यक था।

लेकिन देखने में यह आया है कि एक्ट को बनाते समय ध्यान में रखे गए इतने आदर्श सिद्धांतों और ऊँचे इरादों के बावजूद, इसके दुरुपयोग को रोकने के उपायों का क्रियान्वयन अपवाद स्वरूप ही किया जाता है। सोनोग्राफी के आ जाने से इस कानून का दुरुपयोग कन्या भ्रूण हत्या के लिए हो रहा है, जिसके परिणामस्वरूप गंभीर जनसंख्या असंतुलन के साथ दीर्घकालिक दुष्परिणाम सामने आ रहे हैं। मेरे विचार से इसका केवल एक यही निदान है कि यहाँ 'इजरायल मॉडल' को लागू किया जाए, जो कि 'दखल देने वाला' कानून है, जिसमें राज्य द्वारा व्यक्तिगत स्वविवेक से निर्णय लेने के अधिकार को सीमित कर सभी गर्भपातों का अनुमोदन

कराया जाना आवश्यक होता है एवं राज्य द्वारा अनुमोदन प्राप्त गर्भपातों को आवश्यक सेवा एवं सुविधाएँ दी जाती हैं। इस सुझाव के प्रभावी क्रियान्वयन के लिए आवश्यक मार्गदर्शक सिद्धांत सभी संबंधित पक्षकारों के साथ बैठकर तय किए जा सकते हैं लेकिन यह स्पष्ट है कि आज हम उस स्थिति तक पहुँच चुके हैं, जहाँ किसी भी विपदा के आने के पहले हमें अपने व्यवहार में परिवर्तन करने की तत्काल आवश्यकता है।

❐

मिश्रित संदेश - संचार विफलता

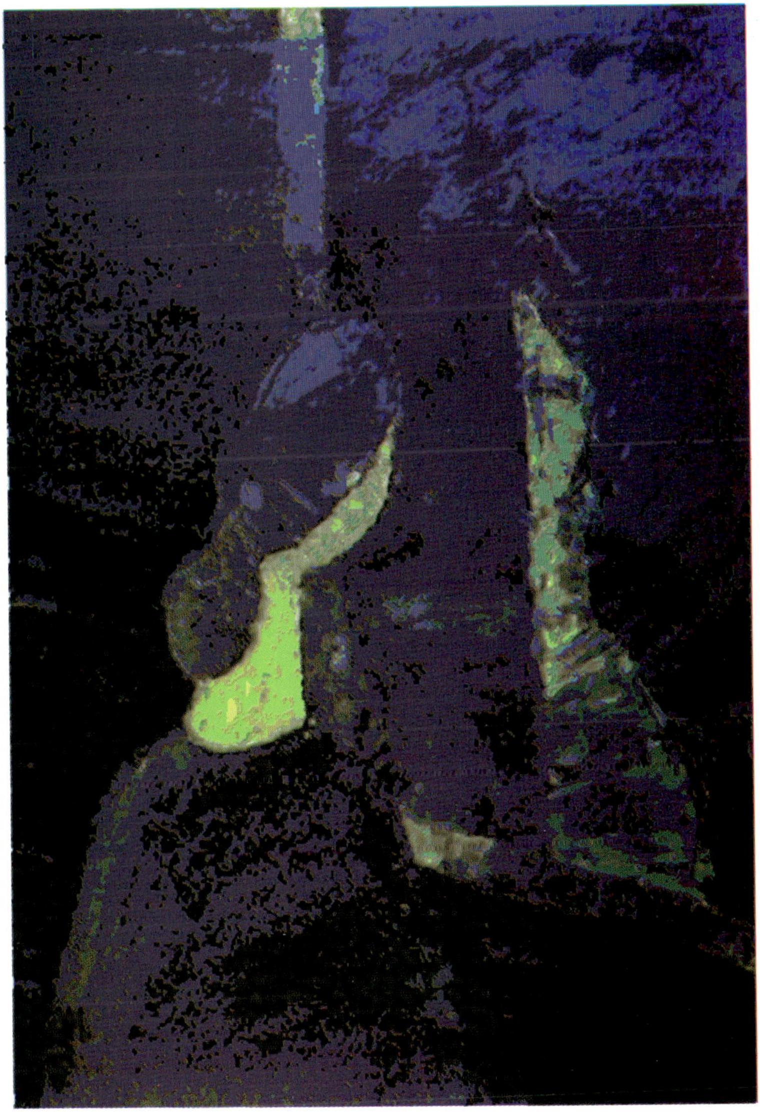

# मिश्रित संदेश : संचार विफलता

मुझे जॉन हॉपकिन्स ब्लूमबर्ग स्कूल ऑफ पब्लिक हेल्थ के सेंटर फॉर कम्युनिकेशन प्रोग्राम्स एवं एडमिनिस्ट्रेटिव स्टाफ कॉलेज हैदराबाद (भारत) के संयुक्त तत्वावधान में आयोजित 'एडवांसेज़ इन हेल्थ कम्युनिकेशन' कार्यक्रम में भाग लेने का अवसर मिला था।

इस कार्यक्रम में बताया गया था कि पापुलेशन कम्युनिकेशन सर्विसेज नामक संस्था ने एक सैद्धांतिक ढाँचा विकसित किया है जिसे स्टेप्स टू बिहेवियरल चेन्ज (एस.बी.सी.) अर्थात् 'व्यवहार परिवर्तन के सोपान' नाम दिया गया है। इसमें परिवर्तन के पाँच प्रमुख सोपान हैं—ज्ञान, अनुमोदन, आशय, अभ्यास, और हिमायत या वकालत। एस.बी.सी. संरचना से प्रकट होता है कि किस प्रकार व्यक्ति और समूह ज्ञान से निरंतर व्यवहार परिवर्तन और हिमायत करने की ओर अग्रसर होते हैं। यह इस बात पर भी जोर देता है कि व्यवहार परिवर्तन और व्यवहार को प्रभावित करने के आशय से किया गया संचार एक सतत प्रक्रिया है। हालाँकि यह व्यवहार परिवर्तन को एक लक्ष्य के रूप में मान्यता प्रदान करता है, परंतु सामान्यतः लोग अपने व्यवहार को बदलने के पहले बीच की कई स्थितियों से होकर गुजरते हैं।

व्यवहार परिवर्तन मॉडल बनाने के साथ व्यावहारिक निर्देशिका भी विकसित की गई है जो सहभागी और प्रभावी संचार कार्यक्रमों को विकसित करना सरल बना देती है। ऐसी ही एक व्यावहारिक निर्देशिका

जॉन हॉपकिन्स कार्यक्रम में भी इस्तेमाल की जाती है, जिसे प्रभावी संचार के 'सात सी' (Seven Cs of Effective Communication) नाम दिया गया है।

प्रभावी संचार के इन 'सात सी' को विज्ञापन के मानक तरीकों से अपनाया गया है तथा इनसे प्रभावी संचार के प्रमुख गुणधर्मों हेतु सुगम निर्देश मिलते हैं (जे.आर. विलियम्स, 1992)—

- Command attention — ध्यान आकर्षित करना
- Cater to heart & head — दिलो-दिमाग पर प्रभाव डालना
- Clarify the message — संदेश को स्पष्ट करना
- Communicate a benefit — लाभ बतलाना
- Create trust — विश्वास पैदा करना
- Call for action — कार्य के लिए आमंत्रित करना
- Consistency counts — निरंतरता का महत्त्व है

**ध्यान आकर्षित करना**—केवल वही संदेश प्रभावी होते हैं जो ध्यान आकर्षित करने या याद रखे जाने योग्य हों। प्रभावी संदेश ध्यान आकर्षित करने एवं प्रतिक्रिया कर सकने में सक्षम होना चाहिए, साथ ही साथ सांस्कृतिक संदर्भों, सामाजिक मूल्यों और राजनीतिक वरीयताओं के प्रति संवेदनशील भी होना चाहिए।

**दिलो-दिमाग पर प्रभाव डालना**—अधिकांश लोग कारण के साथ-साथ भावनाओं से भी काम करते हैं। जो संदेश भावनाओं को पैदा कर सकता है, वह प्रभावी होता है क्योंकि लोग तभी अधिक सीखते हैं जबकि उनकी भावनाएँ जाग्रत होती हैं। भावनाएँ जगाने के लिए अकसर किस्से-कहानियों का प्रयोग किया जाता है जो किसी व्यक्ति की अनुभूतियों और परिस्थितियों को (चाहे संक्षिप्त में ही) प्रतिबिंबित करती हैं। इसी के साथ कारण का उल्लेख करना संदेश को स्थायित्व प्रदान करता है, और जब भावनाएँ नियंत्रित हो जाती हैं तब भी संदेश प्रासंगिक रहता है।

**संदेश को स्पष्ट करना**—एक संदेश में केवल एक ही महत्त्वपूर्ण बिंदु प्रतिपादित होना चाहिए। तकनीकी जानकारी या जटिल योग्यताओं का वर्णन अनेक लोगों को भ्रमित करता है। इस प्रकार की विस्तृत सूचनाएँ जो अर्थपूर्ण हों और लोगों को समझ में आ सकें, उन्हें परामर्श के समय या परस्पर वार्तालाप के समय ही संचारित किया जाना सर्वोत्तम होता है। सबसे

महत्त्वपूर्ण यह है कि श्रोता को यह समझ में आना चाहिए कि संदेश का अर्थ क्या है। कहावत भी है कि Focus Demands Sacrifice। एक अकेला स्पष्ट और ग्राहृय संदेश ही सर्वोत्तम होता है।

**लाभ बतलाना**—लोगों को अपना व्यवहार बदलने के लिए ठोस लक्ष्य की आवश्यकता होती है। व्यक्तिगत लाभ की चाहत ही सर्वोत्तम प्रेरक होती है।

**विश्वास पैदा करना**—जिस संदेश पर लोग स्वेच्छा से काम करें, वह उस स्रोत से आना चाहिए जो उन्हें विश्वसनीय लगे। साथ ही, स्रोत भी यदि श्रोताओं जैसा ही हो अथवा श्रोता जैसा बनने की चाहत रखते हैं उनकी तरह हो, तो विश्वास पैदा कर सकता है। विश्वास को पुष्ट करने के लिए संदेश बहुधा अनौपचारिक शब्दों में ढाले जाते हैं, जैसे कि एक व्यक्ति दूसरे से बोलता है।

**कार्य के लिए आमंत्रित करना**—प्रबोधक संदेशों को देखने या सुनने के बाद श्रोताओं को यह जान लेना चाहिए कि वास्तव में क्या करना है। एक बार संतुष्ट हो जाने पर श्रोताओं को यह जानने की आवश्यकता होती है कि इस विश्वास पर कैसे कार्य करें, कहाँ जाएँ, किन्हें पुकारें। निर्देश स्पष्ट दिए जाने चाहिए। कार्य के स्पष्ट संकेत के बिना लोग सुन सकते हैं, समझ सकते हैं, संदेश का अनुमोदन भी कर सकते हैं, परंतु कार्य नहीं कर सकते।

**निरंतरता का महत्त्व है**—पुनरावृत्ति आवश्यक है। वे संदेश, जिनकी सदैव परिवर्तन के साथ ही सही लेकिन मौलिक दृढ़ता के साथ पुनरावृत्ति होती है, घनिष्ठ हो जाते हैं और लोग उन पर सोचना बंद किए बगैर उन्हें मान्यता दे देते हैं और समझने लगते हैं। जैसे ही उन्हें मान्यता मिल जाती है वह और भी विस्तीर्ण और भिन्न-भिन्न प्रकार के श्रोताओं के पास तक द्यपहुँच जाते हैं। एक अच्छा लोगो या प्रतीक चिह्न, नारा या केंद्रीय संदेश-सार प्रयुक्त किया जाना चाहिए और उसे तब तक बार-बार प्रयोग करना चाहिए, जब तक लोग बिना उत्पाद का नाम देखे यह नहीं जान जाते कि यह किस प्रयोजन के लिए है।

'सात सी' कुछ अंश तक व्यवहार परिवर्तन के विभिन्न सोपानों के अनुरूप है। वे यह बताने में मदद करते हैं कि परिवर्तन के प्रत्येक चरण के लिए किस प्रकार की सूचना की आवश्यकता होती है। प्रारंभिक स्थिति या

ज्ञान की स्थिति में शिक्षा एक प्राथमिक आवश्यकता है। अतः ध्यान आकर्षित करना, स्पष्टता और निरंतरता महत्त्वपूर्ण है। अनुमोदन की स्थिति के दौरान प्रोत्साहन अधिक महत्त्वपूर्ण बन जाता है। इसलिए विश्वास पैदा करना, दिलो-दिमाग पर प्रभाव डालना अत्यंत महत्त्वपूर्ण होता है। आशय या इरादों की स्थिति में लोग यह निश्चय करने का प्रयास करते हैं कि क्या वे अपने व्यवहार बदलें। ऐसी स्थिति में संचार से संभावित व्यक्तिगत लाभ प्रतिपादित करने की आवश्यकता होती है। अभ्यास की स्थिति में जब व्यवहार परिवर्तन होता है, विशेष कार्य करने का आह्वान करने की आवश्यकता होती है। यही समय है जब इस प्रकार की सूचना देने से अभ्यास को उत्प्रेरण मिलता है, प्रलोभन मिलता है।

ऊपर लिखित 'सात सी' की दृष्टि से यदि विभिन्न माध्यमों द्वारा तैयार की गई सूचना शिक्षा और संचार सामग्री का सूक्ष्म परीक्षण किया जाए तो यह उभरकर आएगा कि अवधारणा के स्तर पर और अधिक स्पष्टता की आवश्यकता है, जिसके अभाव में एक भ्रम पैदा हुआ है और स्पष्ट, संक्षिप्त तथा केंद्रित अभियान के स्थान पर मिश्रित व अस्पष्ट संदेश बन रहे हैं।

गर्भपात एवं लिंग परीक्षण के संबंध में वर्तमान आई.ई.सी. सामग्री की विषय वस्तु, स्वरूप और गुणवत्ता को जानने के प्रयास के लिए 'जनसंख्या परिषद' ने राजस्थान के एक जिले में एक अध्ययन किया। इस अध्ययन के आधार पर हिलेरी ब्रेकन और विजया निडाडा वोलू ने अंग्रेजी में एक आलेख लिखा है, जिसका हिंदी में शीर्षक होगा 'मिश्रित संदेश राजस्थान में गर्भपात तथा लिंग परिक्षण की संचार सामग्री का विश्लेषण।' गर्भपात एवं लिंग निर्धारण हेतु वर्तमान आई.ई.सी. सामग्री के अध्ययन से प्राप्त प्रासंगिक निष्कर्ष इस प्रकार हैं—

भारत में कतिपय आधारों पर गर्भपात कराना वैधानिक है। अध्ययन से यह प्रकट होता है कि लिंग परीक्षण तकनीक के उपयोग द्वारा कन्या भ्रूण हत्या को प्रतिबंधित करने वाले राज्य के विज्ञापनों से ऐसा प्रतीत होता है कि जैसे सभी गर्भपात अवैधानिक हैं या गर्भपात की संपूर्ण प्रक्रिया एक पाप है, चाहे वह एम.पी.टी. एक्ट में उल्लिखित परिस्थितियों से ही की गई हो। इसलिए इन राज्यों की सरकारी मशीनरी लिंग परीक्षण के कारणों से किए गए गर्भपात और गर्भपात कानून के अंतर्गत उल्लिखित कारणों से किए गए

गर्भपात (जिनमें माता के जीवन एवं स्वास्थ्य के खतरे भी शामिल हैं) के बीच मतभेद करने में असफल रही है।

सामान्य जनता तथा सेवा प्रदायकर्ताओं को ध्यान में रखकर जारी किए गए सरकारी पोस्टर्स में असंगत भाषा का प्रयोग किया गया है। मसलन, लिंग परीक्षण आधारित गर्भपात के लिए गर्भस्थ शिशु की हत्या जैसे शब्दों का प्रयोग किया गया है।

भ्रूण लिंग परीक्षण शब्दों के अनुवाद में शिशु (उदाहरणार्थ—शिशु की लिंग जाँच, अजन्मे शिशु की लिंग जाँच) शब्द का प्रयोग किया गया है। यह शब्दावली सार्वभौमिक, स्पष्ट और संक्षिप्त होना चाहिए, द्विअर्थी नहीं होना चाहिए। सरकार या अन्य सभी माध्यमों द्वारा तैयार की गई आई.ई.सी. सामग्री में 'कन्या भ्रूण हत्या' जैसे शब्दों का प्रयोग किया जा सकता है।

सरकार द्वारा तैयार किए गए पोस्टर में एक भ्रूण को मुट्ठी में दबाकर निचोड़ते हुए एक नारे के साथ दर्शाया गया है—'गर्भ में मुझ बच्ची को मत मारो'। मेरे विचार से यह बालिका द्वारा उसके जीवन को बचाने हेतु याचना करने के समान है और इसमें दया का भाव प्रकट होता है। यह बालिका के जन्म लेने के अधिकार और प्रतिष्ठापूर्ण जीवन जीने के अधिकार पर जोर नहीं देता।

एक केंद्रित समूह चर्चा में लिंग परीक्षण आधारित गर्भपात पर चर्चा के समय महिलाएँ अपने पति और परिवार द्वारा लिंग परीक्षण एवं परीक्षण आधारित गर्भपात कराने के लिए डाले गए दबाव को रेखांकित करती हैं। एक महिला अपना दुःख व्यक्त करते हुए कहती है कि पति को गर्भपात के लिए महिला पर दबाव नहीं डालना चाहिए और पोस्टर को यह संदेश पुरुषों को देना चाहिए।

एक महिला को संशय था कि केवल इस प्रचार सामग्री से पुरुषों के व्यवहार में परिवर्तन आ सकता है। उसने बड़े मुखर होकर कहा 'भैंसा तो भैंसा ही रहेगा'। अतः यह महत्त्वपूर्ण है कि पुरुषों की मानसिकता में परिवर्तन हेतु व्यवहार परिवर्तन के सोपान को अपनाया जाए।

इस अध्ययन ने प्रचार सामग्री द्वारा पाठकों/श्रोताओं को लक्ष्य करने की असफलता को भी उजागर किया। स्त्री एवं पुरुषों ने बार-बार इस बात पर जोर दिया कि परिवार के वरिष्ठ जनों को भी संदेशों की आवश्यकता है, क्योंकि वे भी सामाजिक नियमन में महत्त्वपूर्ण भूमिका निभाते हैं। इसी

प्रकार कई महिलाओं ने यह महसूस किया कि परिवार के वरिष्ठ सदस्य पुत्र को तरजीह देने को निरंतर बनाये रखने में अहम भूमिका निभाते हैं। इसलिए महिलाओं ने महसूस किया कि परिवार के प्रभावशाली सदस्यों पर केंद्रित सूचना से, उस पारिवारिक और सामाजिक दबाव को तोड़ने में मदद मिल सकती है जो लिंग परीक्षण आधारित गर्भपात को प्रेरित करता है।

गर्भपात और लिंग परीक्षण उपरांत गर्भपात से संबंधित पोस्टर्स को देखने के बाद एक महिला ने टिप्पणी की थी—"गाँव की भाषा नहीं है"। अधिकांश सामग्री जिसे चिह्नित किया गया था पूर्णतः साक्षरता आधारित थी। वह निरक्षर या नवसाक्षर लोगों की समझ के बाहर थी। अतः भाषा को सरल बनाये जाने की आवश्यकता है ताकि निरक्षरों और नवसाक्षरों सहित जनसंख्या के बड़े हिस्से को संबोधित किया जा सके।

सारांश में यह तर्क निश्चित रूप से दिया जा सकता है कि इस प्रकार के विषय पर उपलब्ध अधिकांश आई.ई.सी. सामग्री न केवल भ्रामक है बल्कि पितृसत्तात्मक एवं संरक्षणात्मक है, जिसमें कि महिला को केवल उपयोग की वस्तु वह भी मुख्यतः बच्चे जनने वाली ही माना गया है। इसलिए यह महिलाओं के सम्मान को स्थापित नहीं करती। अतः इस पूरे प्रकरण का फौरन पुनर्मूल्यांकन किया जाना चाहिए।

❐

# दुविधा की स्थिति

# दुविधा की स्थिति

राजस्थान विश्वविद्यालय महिला संघ (रूवा) सामुदायिक नेतृत्व को विपरीत लिंग अनुपात तथा कन्या भ्रूण हत्या के विरुद्ध एवं बालिकाओं की प्रतिष्ठा बढ़ाने से संबंधित विषयों पर संवेदनशील करने के लिए आई.एफ.ई.एस. एवं यू.एस.ए.आई.डी. के सहयोग से जयपुर में कार्यशालाएँ आयोजित करती है। इसी संघ द्वारा आयोजित एक कार्यशाला में मेरे प्रस्तुतीकरण पर प्रतिक्रिया करते हुए एक जानी-मानी स्त्री रोग विशेषज्ञा ने अपने अनुभव सुनाते हुए कहा कि उनका सामना कभी-कभी ऐसी परिस्थितियों से होता है, जहाँ गर्भवती महिलाएँ भ्रूण के लिंग की जानकारी प्राप्त करने के लिए याचनापूर्वक अनुरोध करती हैं।

इस महिला चिकित्सक ने बताया कि इस प्रकार की माँग ऐसी महिलाओं द्वारा भी की जाती है, जिनके परिजन न सिर्फ उन्हें भावनात्मक रूप से उत्पीड़ित करते हैं, अपितु उनको शारीरिक प्रताड़ना भी देते हैं। उनका विचार था कि इस प्रकार की परिस्थितियाँ उनके लिए कष्टकारी होती हैं। उन्हें भय रहता है कि यदि वह परिवार वालों की इच्छा पूरी नहीं करेगी तो उन्हें और अधिक शारीरिक प्रताड़ना से गुजरना होगा और उनमें से कुछ महिलाएँ तो आत्महत्या कर सकती हैं अथवा परिजनों द्वारा मार दी जा सकती हैं। इस चिकित्सक की दुविधा यह थी कि यदि वह उन महिलाओं के तर्क को स्वीकार कर लेती है तो वह स्वयं एक अवैधानिक कार्य करती है जो कि उसके सिद्धांतों के विपरीत है।

इससे मुझे समाचार पत्रों में छपी कुछ खबरें याद आ गईं जो उस महिला चिकित्सक के तर्क की पुष्टि करती हैं। हाल ही में एक समाचार पत्र ने लिखा था कि अलीगढ़ में जैसे ही एक व्यक्ति को पता चला कि उसकी पत्नी के गर्भ का भ्रूण कन्या है, उसने अपनी पत्नी को मार डाला। यह एक जमीनी सच्चाई है जिसकी ओर तत्काल ध्यान देना जरूरी है। महिलाओं के सामाजिक स्तर और उनके विरुद्ध हो रही हिंसा से संबंधित मुद्दों पर एक अन्य अध्याय में चर्चा की गई है। यह अध्याय माँग और पूर्ति के सवाल पर केंद्रित है।

माँग और पूर्ति का मुद्दा मूलतः बाजार के सिद्धांत पर आधारित है जो कि व्यापक अर्थों में राष्ट्रीय और सामाजिक महत्त्व के विषयों पर एवं विशेष रूप से स्वास्थ्य के क्षेत्र पर लागू नहीं होता। डा. सतीश अग्निहोत्री के अनुसार लिंग परीक्षण और तदुपरांत उसके आधार पर गर्भपात की माँग को सेवा प्रदायकर्ता इसलिए मान लेते हैं क्योंकि उन पर भी "पुत्री को बोझ मानने वाले रोग" को प्रतिबिंबित करने वाली समाज की विभिन्न माँगों का दबाव रहता है।

बहरहाल सिक्के का दूसरा पहलू यह है कि मूलतः यह पूर्ति का पक्ष है जो बाजार की विपणन तकनीक के साथ मिलकर इस अदृश्य माँग को उत्पन्न एवं उजागर कर रही है।

इसलिए यह जानना उपयुक्त होगा कि यदि तकनीकी और अन्य संबंधित सेवाएँ उपलब्ध न होतीं तो इस माँग का क्या हश्र होता। जब तक ये सारी आधुनिक और परिष्कृत तकनीकें उपलब्ध नहीं थीं तब तक कन्या भ्रूण हत्या का प्रचलन प्रायः अनजाना ही था। समाज के कुछ भागों में कन्या शिशु वध का चलन था परंतु यहाँ-वहाँ और यदाकदा ही था। इसका इतना चलन नहीं था। अब तो सभी संप्रदाय या जातियाँ इसमें शरीक हो गए हैं। वास्तविकता यह है कि शहरी इलाकों और समृद्ध वर्गों में कन्या भ्रूण हत्या का प्रचलन सबसे ज्यादा हो गया है। इससे पता चलता है कि मूलतः यह पूर्ति वाला पक्ष ही है जिसे इस प्रवृत्ति के लिए व्यापक रूप से दोषी माना जा सकता है।

पूर्ति पक्ष को डा. पुनीत बेदी द्वारा दिए गए आँकड़ों से अच्छी तरह समझा जा सकता है। उनके अनुसार भारत में हर साल लाखों कन्या भ्रूण हत्याएँ की जाती हैं। इस व्यापार के अर्थशास्त्र को समझना बहुत सरल है। "प्रति दस लाख भ्रूण हत्याओं के लिए कम से कम बीस लाख सोनोग्राफी

परीक्षण किए जाते हैं। इससे जो कमाई होती है वह कम से कम पाँच अरब रुपए बैठती है" (यह मानकर कि प्रत्येक लिंग परीक्षण और गर्भपात में लगभग पाँच हजार रुपये का खर्चा आता है)।

हाल ही में एक अखबार ने लिंग चयन की नई पद्धति और विपरीत लिंग अनुपात से जूझ रहे भारतीय समाज पर उससे पड़ने वाले प्रभावों के बारे में एक लेख प्रकाशित किया था। यह समाचार भ्रूण लिंग परीक्षण के बारे में एक अमेरिकी 'ऑनलाइन स्टोर' द्वारा जारी किए गए विज्ञापन के बारे में था। विज्ञापन में दावा किया गया था कि यदि स्टोर द्वारा विकसित की गई तकनीक का इस्तेमाल किया जाए तो केवल पाँच सप्ताह की गर्भावस्था में ऊँगली को सूई चुभाकर लिए गए एक बूँद रक्त के परीक्षण से ही भ्रूण के लिंग का 99.9 प्रतिशत तक सही-सही पता लगाया जा सकता है।

अब वह दिन दूर नहीं जब गर्भ परीक्षण किट्स की भाँति इस प्रकार के अत्यंत प्रारंभिक गर्भावस्था के दौरान लिंग परीक्षण कर सकने वाले किट्स भी दुकानों के काउंटर पर खुलेआम उपलब्ध होंगे और बिना पूछताछ किए गर्भपात कर देने वाली गोलियाँ भी सहज रूप से मिल सकेंगी।

मेरी राय में यह बहस अनावश्यक है कि चिकित्सक माँग की ही पूर्ति कर रहे हैं या पूर्ति के कारण माँग पैदा हो रही है। यह दुविधा की स्थिति है। हम केवल इतना ही कह सकते हैं कि लिंगानुपात में जो भयावह गिरावट आ रही है उसमें माँग और पूर्ति, दोनों को ही एक-दूसरे से बल मिल रहा है।

वास्तव में इसे माँग और पूर्ति के संदर्भ में देखा ही नहीं जाना चाहिए। यह तकनीकी के विकास और उसके सदुपयोग/दुरुपयोग का सवाल है। यहाँ एक चाकू का उदाहरण देना असंगत न होगा जिसे एक शल्य चिकित्सक शल्य क्रिया के उपकरण की भाँति प्रयोग करता है और हत्यारा उसी का इस्तेमाल किसी की हत्या करने के लिए करता है।

ऐसे कई मुद्दे हैं जिन्हें हमारे समाज को विषय के विरोधाभासी तर्कों की अनदेखी करके समग्र रूप से एक चुनौती के रूप में स्वीकार करना चाहिए। और मुद्दा यही है कि असमान जनसंख्या और विपरीत लिंगानुपात की दुष्प्रवृत्ति तेजी से बढ़ रही है।

**क्या हम एक राष्ट्र के रूप में इस चुनौती का सामना करने को तैयार हैं?** ❐

# दोराहे पर खड़े चिकित्सक

# दोराहे पर खड़े चिकित्सक

मेरे पिताजी इडियोपेथिक थ्रम्बो सायटोपेनिक परप्यूरा नामक एक असाधारण रोग से पीड़ित थे। इस बीमारी से खून में प्लेटलेट्स का निर्माण तो सामान्य गति से होता रहता है लेकिन वे असामान्य रूप से तिल्ली में नष्ट हो जाती हैं। जब इन प्लेटलेट्स की संख्या एक निर्धारित स्तर से बहुत नीचे तक पहुँच जाती है तो स्वतः रक्तस्राव होने लगता है। इसका अर्थ यह है कि बिना किसी चोट लगे शरीर में कहीं भी खून का बहना प्रारंभ हो जाता है। ऐसी परिस्थितियों में पिताजी को अस्पताल में भरती कराना आवश्यक हो जाता और उन्हें सदा जान का खतरा बना रहता। एक बार उन्हें ब्रेन हेमरेज हो गया और एक फिजीशियन की देखरेख में अस्पताल में भर्ती कराना पड़ा। हेमरेज का आकार बढ़ता चला गया और उन्हें तत्काल ही शल्य चिकित्सा (सर्जरी) की आवश्यकता पड़ गई। उस समय रात के ग्यारह बजे थे। मैं एक न्यूरोसर्जन के पास गया जो उस समय एक डिनर पार्टी में थे। मेरे अनुरोध पर वे पार्टी छोड़ कर आए और उन्होंने मेरे पिताजी की शल्य चिकित्सा कर दी जिससे मेरे पिताजी की जान बच गई। चिकित्सा विज्ञान की दृष्टि से यह एक दुर्लभ सफलता थी। कुछ दिन अस्पताल में भर्ती रहने के बाद उन्हें छुट्टी दे दी गई। मेरे पिताजी ने दोनों चिकित्सकों से व्यक्तिगत रूप से मिलने की इच्छा व्यक्त की। आभार व्यक्त करने के लिए भेंटस्वरूप उन्होंने मिठाई के डिब्बे ले लिए। मैंने अपने पिताजी को

चेताया कि दोनों ही चिकित्सक न सिर्फ कुशल चिकित्सक हैं बल्कि अपने व्यक्तिगत आचरण में भी मूल्यों और आदर्शों के प्रति बहुत ही सजग हैं। जैसी कि उम्मीद थी, दोनों ही चिकित्सक मेरे पिता से बड़े सम्मान और गर्मजोशी से मिले परंतु पिताजी के अत्यधिक आग्रह, अनुग्रह के बावजूद उन्होंने मिठाई स्वीकार नहीं की।

यहाँ मैं एक और उदाहरण उद्धृत करना चाहूँगा। जब मैं वर्ष 2003 में मास्टर आफ इंटरनेशनल हैल्थ का अध्ययन कर रहा था तो मेरी मुलाकात क्रिश्चियन मेडिकल कॉलेज वेल्लोर के एक प्रोफेसर से हुई जिनकी कार्य क्षमता अद्वितीय थी। वे दुनिया के किसी भी कोने में अपार संपत्ति अर्जित कर सकते थे परंतु उनकी मूल्य-मान्यताएँ तथा समर्पण इतना प्रबल था कि उन्होंने वेल्लोर में ही रहकर स्वयं को अपने पेशे और उस संस्था के लिए समर्पित कर दिया था।

अपोलो अस्पताल दिल्ली के डॉ. पुनीत बेदी चिकित्सकीय व्यवसाय में सामाजिक मूल्यों के प्रबल पक्षधर हैं। उन्होंने कुछ महत्त्वपूर्ण आँकड़े उजागर किए हैं। ''पचास के दशक में अल्ट्रासाउंड का आविष्कार सुरक्षित मातृत्व के लिए हुआ था परंतु आज उसने हमारे देश में न केवल लाखों भ्रूण मार डाले हैं बल्कि यह मातृ-मृत्यु का भी एक प्रमुख कारण बन गया है।'' उनका कहना है कि धन, नाम, यश और प्रतिष्ठा के प्रति चिकित्सकों की चाह तो समझ में आती है लेकिन जब वह लोभ और लालच में परिणित हो जाती है तो समाज को आघात पहुँचाती है। वह मानते हैं कि ऐसे चिकित्सकों को चलाने वाली शक्ति केवल लोभ ही है, वे चाहे जो भी तर्क दें। यह मुख्यतः इस कारण है कि चिकित्सकों को आपराधिक गतिविधियों के लिए अधिकांशतः दंडित नहीं किया जाता है। हमारे देश में हर साल लाखों भ्रूण हत्याएँ होती हैं। इसमें हजारों चिकित्सक और नर्सिंग होम मालिक लिप्त हैं। डा. बेदी के अनुसार, इस व्यवसाय के अर्थशास्त्र को समझना बहुत आसान है। यह लगभग पाँच अरब रुपयों का उद्योग है। गुपचुप रेफर करने का यह दुष्चक्र एक स्त्री रोग विशेषज्ञ से प्रारंभ होता है और गर्भपात पर समाप्त हो जाता है। हर स्तर पर कमीशन का भुगतान होता है। अल्ट्रासोनोलॉजिस्ट ही वह व्यक्ति है जो वास्तव में मृत्युदंड की सजा सुनाता है। यह सब मौखिक रूप से होता है और हाथों-हाथ नकद भुगतान होता है। न कहीं कोई टैक्स चुकाया जाता है और न कहीं कोई लेखा-जोखा रखा जाता है।

यह तथ्य बहुत ही स्पष्ट और महत्त्वपूर्ण है कि कोई भी सोनोग्राफी चिकित्सकीय योग्यता प्राप्त व्यक्तियों की सहायता के बिना नहीं हो सकती। इसका मतलब है कि उत्तरदायित्व का भार भी मुख्यतः चिकित्सक बिरादरी का ही है। यह भी सच है कि प्रशासन की अनदेखी या उपेक्षा के बिना ये गतिविधियाँ नहीं चल सकतीं। चिकित्सक समुदाय में बहुधा यह तर्क दिया जाता है कि प्रत्येक व्यक्ति को चयन या इच्छा का अधिकार है और एक विशेषज्ञ का कर्तव्य है कि वह उस इच्छा की पूर्ति के लिए सहयोग करे। इसी के चलते कुछ चिकित्सक सोनोग्राफी और उसके बाद की जाने वाली भ्रूण हत्या को व्यक्तिगत इच्छा का प्रश्न मान कर इसके पक्ष में तर्क देने लगे हैं। यह दुःख की बात है क्योंकि इस प्रकार के टेढ़े-मेढ़े तर्क एवं लच्छेदार दलीलें उन चिकित्सकीय आदर्शों और नैतिकता के विपरीत जाती हैं जिन पर चिकित्सा व्यवसाय की जड़ें जमी हैं।

विपरीत लिंग अनुपात के इस भयावह परिदृश्य को देखते हुए ग्वालियर में विभिन्न संवेदनशील व्यक्तियों की एक जागरूकता एवं विचार-मंथन गोष्ठी आयोजित की गई थी। इस बैठक में बहुत सारे सुझाव सामने आए। इनमें से कुछ सुझाव चिकित्सकीय नैतिकता से संबंधित थे जिनका अनुपालन चुनौतियों का सामना करने के लिए आवश्यक है।

- सम्माननीय एवं समर्पित चिकित्सकों को समाज में बढ़ती कुप्रवृत्तियों को रोकने के लिए उपाय और सही प्रक्रिया की तलाश करनी चाहिए।
- अधिनियम के अंतर्गत पंजीकृत इकाइयों को चाहिए कि वे अधिनियम की आत्मा और उद्देश्य का सम्मान करते हुए प्रशासकीय आवश्यकताओं की पूर्ति करें तथा आवश्यक अभिलेखों को सतत रूप से तैयार रख कर प्रत्येक माह की पाँच तारीख तक सक्षम प्राधिकारी के समक्ष प्रस्तुत करें।
- चिकित्सा समुदाय की एक सामाजिक जवाबदेही भी है। उन्हें चाहिए कि सक्रियता से आगे आकर लिंग परीक्षण प्रक्रिया एवं कन्या भ्रूण हत्या की प्रवृत्ति का विरोध करें।
- चिकित्सा समुदाय एवं सामान्य जनता में चिकित्सकीय नैतिकता का प्रसार करना आवश्यक है।
- निजी एवं सरकारी चिकित्सकों के बीच स्वस्थ पारस्परिक संबंधों

को प्रेरित एवं प्रोत्साहित किया जाना चाहिए ताकि स्वस्थ व्यावसायिक संस्कृति विकसित हो सके। उन्हें चाहिए कि वे अपने ऐसे चिकित्सक सहयोगियों के विरुद्ध शिकायत करने की भी पहल करें जो अवैधानिक गतिविधियों में संलग्न हैं।

- अपराधी पाये जाने वाले चिकित्सकों को कठोर दंड दिया जाना चाहिए।
- न्यायालय द्वारा दोषी करार दिए गए चिकित्सकों को उनके साथी चिकित्सक समुदाय द्वारा बहिष्कृत कर दंडित किया जाना चाहिए।
- परिवार एवं चिकित्सा संबंधी तकनीकी के बीच एक सेतु के रूप में चिकित्सक बहुधा इस स्थिति में रहते हैं जब वे न केवल कानून के क्रियान्वयनकर्ता की भूमिका निभा सकते हैं अपितु एक चिकित्सक के रूप में समाज को सकारात्मक रूप से प्रभावित कर सकते हैं। चिकित्सकों को चाहिए कि वे परिवारों को परामर्श दें कि लड़का और लड़की समान हैं। चूंकि समाज में चिकित्सकों का सम्माननीय स्थान है अतः उनके परामर्श का मान होगा और समाज में परिवर्तन आ सकेगा।

जहाँ तक सुझावों का प्रश्न है, सभी जीवंत महत्त्व के हैं, तथापि इनमें से कुछ को तो प्राथमिकता के आधार पर लेकर उनके क्रियान्वयन के लिए एक न्यूनतम साझा कार्यक्रम तैयार किया जाना चाहिए। इसे परिणाममूलक बनाने के लिए एक प्रक्रिया भी विकसित की जानी चाहिए जिसमें केवल प्रतिबद्ध चिकित्सकों को ही नहीं अपितु विशिष्ट न्यायविदों और संबंधित राज्य के प्रशासनिक अधिकारियों आदि को भी सम्मिलित किया जाना चाहिए।

चिकित्सा व्यवसाय के सामाजिक उत्तरदायित्व स्पष्टतः अभिज्ञात हैं। चिकित्सक को कानून का सम्मान करना चाहिए तथा मानवाधिकारों का उल्लंघन करने वाली किसी भी प्रवृत्ति का सहयोग करने से इनकार करना चाहिए। उन्हें प्रत्येक रोगी, समुदाय, चिकित्सा पद्धति तथा जनसामान्य की भलाई एवं उनके सुधार में सहयोग करने वाली गतिविधियों में सहभागिता के अपने दायित्व को भी मानना चाहिए।

भारतीय चिकित्सा परिषद (व्यावसायिक आचरण, शिष्टाचार एवं आचार नीति) नियंत्रण 2002 में स्पष्ट उल्लेख है कि, "किसी भी स्थिति में कन्या

भ्रूण के जीवन को समाप्त करने के इरादे से लिंग-निर्धारण परीक्षण नहीं किया जाएगा। सामान्य कन्या भ्रूण की हत्या के किसी भी कृत्य को चिकित्सक द्वारा किया गया व्यावसायिक दुराचरण माना जाएगा। ऐसे चिकित्सकों को दंड का भागी मानते हुए आपराधिक प्रकरण के लिए उत्तरदायी माना जाएगा।'' इस प्रकार की चिकित्सकीय पद्धति की संभावित नैतिक स्थिति यह होगी कि लिंग चयन में भाग न लेकर व्यवसाय की प्रतिष्ठा और सम्मान की रक्षा की जाए, अन्यथा यह चिकित्सकों द्वारा चिकित्सकीय नैतिकता को मानने के लिए ली गई 'हिप्पोक्रेटिक ओथ' का उल्लंघन होगी। यह शपथ चिकित्सकों के लिए ऐतिहासिक रूप से स्वीकृत आचरण की संहिता और वृत्ति है, ''हमारी त्रुटियाँ रोगियों (या मृत्यु की स्थिति में उनके परिजनों) द्वारा नहीं खोजी जातीं.... और यदि वे खोजी भी जाती हैं तो.... वे बच्चों की तरह रो सकते हैं... लेकिन शायद ही चीखते हों. ... और सबसे खराब दंड जो एक चिकित्सक को अपने पाप के लिए भोगना पड़ सकता है वह है उसका अपमान।''

**उम्मीद है कि सारी दुनिया में चिकित्सकों को अपने व्यावसायिक मूल्यों का अहसास कराती आ रही यह ऐतिहासिक शपथ दोराहे पर खड़े चिकित्सक का मार्ग प्रशस्त कर सकेगी!**

❐

# दोषी की खोज

# दोषी की खोज

मेरे कुछ व्यावसायिक साथी जिन जिलों में कलेक्टर के पद पर कार्यरत हैं, उन जिलों में विपरीत लिंगानुपात की समस्या की विकरालता से भलीभाँति परिचित हैं। परंतु वे इस समस्या को हल करने के लिए अपनाई जा रही रणनीति को लेकर अकसर दुविधा में रहते हैं। स्वास्थ्य का क्षेत्र वैसे भी रहस्यवादी क्षेत्र है और किसी भी चिकित्सक, जो कि एक नोबेल प्रोफेशन का प्रतिनिधित्व करते हैं, के विरुद्ध कोई भी कार्रवाई तब तक टाली जाती है जब तक कि स्थिति अति तक न पहुँच जाए।

कन्या भ्रूण हत्या की स्थिति में ग्राहक और चिकित्सक के बीच का गठजोड़ कार्य की प्रकृति के कारण एक ऐसी स्थिति उत्पन्न कर देता है जिसमें चिकित्सक और मृत भ्रूण के माता-पिता, दोनों ही न तो प्रकरण की सूचना देते हैं और न ही उसकी पुष्टि करते हैं। इस गठजोड़ का शिकार केवल अजन्मा शिशु होता है जिसका जीवन ही छीन लिया जाता है। चिकित्सक अपने व्यावसायिक हितों के कारण संगठित होते हैं और परिणामस्वरूप किसी तीसरे पक्ष के लिए साक्ष्य इकट्ठा कर पाना कठिन होता है।

ऐसी स्थितियों में साक्ष्य इकट्ठा करना मीडिया के स्टिंग आपरेशन, समुचित प्राधिकारी द्वारा छापा मारने या अंकेक्षण आदि पर ही अधिकतर निर्भर करता है। प्रलोभन देकर पकड़वाने वाले कार्यों में अनेक जटिलताएँ आती हैं। इनमें चिकित्सकों को अनावश्यक रूप से

सताने के आरोप भी लगते हैं। इन्हें न्यायालय में अभियोजन के योग्य पर्याप्त साक्ष्य के रूप में तैयार करना भी कठिन होता है। जहाँ तक इन मामलों को न्यायालय तक ले जाने का प्रश्न है, समस्या यह है कि नियमन संस्थायें या समितियाँ अधिकांशतः चिकित्सकों की ही बनी होती हैं, और वे अनेक दूसरे दायित्वों में भी व्यस्त रहती हैं। न्यायालय को भी पुष्टि के लिए विशेषज्ञों की ही मदद लेनी पड़ती है। चिकित्सक सामान्यतः अपने ही सहयोगियों के विरुद्ध पुष्टि करने में हिचकिचाते हैं। न्यायालय भी ऐसे प्रकरणों के निपटारे को अधिक प्राथमिकता नहीं देते। परिणाम यह होता है कि ''न्याय में देरी, न्याय का निषेध है'' वाली कहावत चरितार्थ हो जाती है। यही सब कारण इन उपायों को अपनाने के विकल्प को नकारते हैं।

ऐसी परिस्थितियों में सामाजिक और चिकित्सकीय अंकेक्षण करना एक विकल्प रहता है। अंकेक्षण किसी ऐसे व्यक्ति के द्वारा किया जा सकता है जो इस पद्धति का सावधानीपूर्वक अध्ययन कर सकता हो। इस तरीके में प्रभावी कार्यवाही हेतु असहयोगी और संगठित 'चिकित्सा विशेषज्ञों' पर निर्भरता को भी समाप्त किया जा सकता है। सामाजिक चिकित्सकीय अंकेक्षण द्वारा निर्मित साक्ष्य इतने अकाट्य होते हैं कि कोई भी दोषी चिकित्सक तकनीकी या वैधानिक औपचारिकताओं के कारण बच कर नहीं निकल सकता।

**सामाजिक अंकेक्षण**

सामाजिक अंकेक्षण के सर्वोत्तम आँकड़े जनगणना से प्राप्त होते हैं, क्योंकि ये घर-घर जाकर किए गए सर्वेक्षण पर आधारित होते हैं। नागरिक पंजीकरण पद्धति अभिलेख जहाँ भी संधारित किए जाते हैं, विश्वसनीय होते हैं। गुजरात के स्वास्थ्य विभाग की वेबसाइट पर वर्ष 2004 में नागरिक पंजीकरण पद्धति के आधार पर दर्ज किए जन्मों के अनुसार गुजरात में बालिकाओं की संख्या बड़ी तेजी से घट रही है। वर्ष 2003 में नागरिक पंजीकरण पद्धति में 1000 बालकों पर 848 बालिकाएँ दर्ज की गई थीं जो वर्ष 2004 में घटकर केवल 824 ही रह गईं। वर्ष 2005 के आँकड़े अभी इकट्ठा किए जा रहे हैं। विकल्प के रूप में आँकड़े अस्पतालों तथा नर्सिंग होम्स से भी प्राप्त किए जा सकते हैं। जन्म के समय लिंगानुपात भौगोलिक क्षेत्र विशेष के रुझान को दर्शाता है। इन सभी अभिलेखों का अंकेक्षण यह

देखने के लिए किया जा सकता है कि कितनी बेटियों ने जन्म लिया। इससे यह भी पता लगाना भी उपयुक्त रहता है कि उस क्षेत्र/अस्पताल/नर्सिंग होम में जन्म के समय लिंगानुपात क्या रहा है।

मुरैना एवं शिवपुरी जिलों में जिला प्रशासन ने अभियान चलाकर मुरैना जिले के ग्रामीण क्षेत्रों में जन्म से पाँच वर्ष की आयु वर्ग के लड़के-लड़कियों की संख्या पता लगायी और उनका चित्रांकन किया। इसी प्रकार शिवपुरी शहर में घर-घर जाकर जन्म से छह वर्ष तक की आयु के बच्चों का सर्वेक्षण करके शिशु लिंग अनुपात ज्ञात किया गया। इसके अतिरिक्त शिवपुरी जिले में विभिन्न शासकीय अस्पतालों में एक वर्ष की अवधि के दौरान हुए संस्थागत प्रसवों की संख्या के आधार पर एवं नर्सिंग होम्स में हुए जन्मों के आधार पर जन्म के समय लिंग अनुपात की भी गणना की गई। इन सभी ने शिशु लिंग अनुपात और जन्म के समय लिंग अनुपात में लगातार हो रही कमी को उजागर किया जिसका विस्तृत उल्लेख संबंधित अध्याय में किया गया है।

अब ताजा समाचार यह है कि प्रसव पूर्व लिंग परीक्षण करने और उसके आधार पर सिर्फ लड़का ही पैदा करवाने वाले अस्पतालों के खिलाफ केंद्रीय स्वास्थ्य मंत्रालय भी मुहिम शुरू करने जा रहा है। मंत्रालय इस बारे में आँकड़े व जानकारियाँ जुटा रहा है कि पिछले दो साल में किस अस्पताल में कितनी लड़कियाँ पैदा हुईं? जिन अस्पतालों में सामान्य से ज्यादा लड़के पैदा हुए हैं उनके खिलाफ स्टिंग आपरेशन भी चलाया जा सकता है।

### सामाजिक चिकित्सकीय अंकेक्षण

यदि हम उपलब्ध जनगणना आँकड़ों को इकट्ठा कर संदेहास्पद चिकित्सकों/अस्पतालों का चिकित्सकीय अंकेक्षण करें तो सही तस्वीर उभर कर सामने आ सकती है। यह पूरे शहर/जिले में क्षेत्र के सभी अस्पतालों का अंकेक्षण करके किया जा सकता है।

पीसी एंड पीएनडीटी एक्ट ने समस्त अभिलेख को संधारित करना वैधानिक रूप से आवश्यक बना दिया है। सही अभिलेख संधारित करने के दोहरे लाभ हैं। केंद्र, क्लीनिक या प्रयोगशाला की दृष्टि से देखा जाए तो यदि उनके विरुद्ध कोई शिकायत होती है तो वे इन अभिलेखों के द्वारा यह सिद्ध कर सकते हैं कि उनकी कार्रवाई नियम और कानून के अनुकूल थी।

इसी प्रकार क्रियान्वयन अधिकारियों की दृष्टि से इस तथ्य की पुष्टि होना अनियमितताओं का द्योतक है कि उपयुक्त अभिलेख संधारित नहीं रखा गया, या किन्हीं मामलों में कोई भी अभिलेख नहीं रखा गया।

संधारित किए जाने वाले महत्त्वपूर्ण अभिलेखों में शामिल है एक पंजी जिसमें अनुक्रमवार, महिला या पुरुष का नाम और पता (जिन्हें लिंग संबंधी परीक्षण के लिए आनुवांशिक परामर्श दिया गया है), पति/पत्नी या पिता का नाम, जिस तिथि पर वे परामर्श के लिए पहली बार उपस्थिति हुए थे, पद्धति या परीक्षण, फार्म-डी, फार्म-ई और फार्म-एफ आदि। दूसरे प्रकार के अभिलेख में सम्मिलित हैं—केस रिकॉर्ड, सहमतिपत्र, प्रयोगशाला के परिणाम, माइक्रोस्कोपिक चित्र, सोनोग्राफी प्लेट्स या स्लाइड्स, अनुशंसाएँ और पत्र।

इन अभिलेखों को पीसी एंड पीएनडीटी एक्ट के अनुसार दो वर्ष की अवधि के लिए तथा किसी कानूनी प्रक्रिया के अधीन रहते हुए उसके अंतिम निराकरण तक संधारित किया जाना चाहिए। समुचित प्राधिकारी या अन्य अधिकारिक व्यक्ति किसी भी केंद्र की जाँच कर सकते हैं। इस जाँच का क्षेत्र बहुत विस्तृत है तथा इसमें जाँच के स्थान पर स्वतंत्रतापूर्वक प्रवेश कर सकने, किसी भी विवेकपूर्ण समय पर अभिलेखों की जाँच व रिकॉर्ड कर सकने तथा किसी भी आपत्तिजनक वस्तु या अभिलेख को जब्त करना या सील करना सम्मिलित है। संबंधित केंद्र को इस प्रक्रिया में आवश्यक सहयोग प्रदान करना होगा।

मुरैना में घर-घर जाकर किए गए सर्वेक्षण के दौरान सामने आए विपरीत शिशु लिंगानुपात के परिणामों पर जब ग्रामवासियों से चर्चा हुई तो उन्होंने न केवल इन आँकड़ों को स्वीकार किया बल्कि उन नर्सिंग होम्स के नाम भी बताए, जहाँ वे लिंग परीक्षण कराने गए थे।

जब हमने इस प्रकरण की और आगे जाँच की तो ऐसे ग्यारह केंद्र मिले जो केवल मुरैना में ही पी.सी. एंड पीएनडीटी एक्ट के अंतर्गत पंजीकृत थे।

मुरैना में लिंग परीक्षण को हतोत्साहित करने के लिए चिकित्सक समुदाय के साथ कई बार चर्चा हुई। प्रत्येक फोरम में इस बात पर भी बल दिया गया कि जिला प्रशासन इस घृणित कार्य को नहीं होने देगा। इसके बावजूद चिकित्सकों के व्यवहार में कोई परिवर्तन नहीं आया। आखिरकार सभी क्लीनिकों के रिकॉर्ड जब्त किए गए।

यदि अल्ट्रा सोनोग्राफी करने वाले अपना पक्ष सिद्ध नहीं कर पाते हैं तो

कानूनी तौर पर केंद्रों में संधारित किए गए अभिलेखों में कमी को धारा 5 या धारा 6 के प्रावधानों का उल्लंघन माना जाएगा।

प्रत्येक आनुवांशिक परामर्श केंद्र, आनुवांशिक प्रयोगशाला, आनुवांशिक केंद्र, सोनोग्राफी केंद्र और इमेजिंग केंद्र को आगामी माह की 5 तारीख तक गर्भाधान से पहले या गर्भावस्था से संबंधित सभी प्रक्रियाओं/तकनीकियों/परीक्षणों जो उनके द्वारा संचालित किए गए हों, की संपूर्ण एवं विस्तृत रिपोर्ट सक्षम अधिकारी के समक्ष प्रस्तुत करना होती है।

संधारित अभिलेख नियमानुकूल होने की स्थिति में भी अल्ट्रासाउंड की खोजबीन करने से यह निर्णय लेने में सहायता मिलती है कि केंद्र लिंग परीक्षण या तदुपरांत कन्या भ्रूण हत्या करने जैसी गतिविधियों में संलग्न है या नहीं। प्रारूप 'एफ' में सूचना एकत्रित करने का उद्देश्य शिशु के जन्म तक प्रकरण का सूक्ष्म निरीक्षण कर अनुशीलन करना होता है, जिसके द्वारा प्रत्येक केंद्र के स्तर पर लिंगानुपात ज्ञात करने के साथ यह भी देखना होता है कि (1) कितने गर्भपात किए गए (2) कितने मामलों की खोजबीन अभिलेखों की अपूर्णता के कारण नहीं की जा सकती। गर्भपात तथा प्रसूति की संख्या अंकेक्षण किए गए स्तर के समानुपातिक होना चाहिए। इन आँकड़ों की तुलना इस प्रकार के चिकित्सालयों के औसत और अंतर्राष्ट्रीय स्तर पर स्वीकृत मानकों से की जाती है।

सभी परीक्षण जो मध्य-गर्भावस्था में किए जाते हैं, उनमें या तो गर्भपात होगा या लगभग छह माह के भीतर शिशु का जन्म होगा। इन महिलाओं को तलाशा जा सकता है (यद्यपि इनमें से कुछ यहाँ-वहाँ आने-जाने के कारण न मिल सकें), असत्य या गलत पतों या पलायन के स्वीकृत स्तर के बाद भी अंकेक्षण किए गए नमूनों में जन्म के समय लिंगानुपात का अध्ययन किया जा सकता है और यदि किन्हीं आँकड़ों को अनुपात के प्रतिकूल पाया जाता है, तो दोषी को पकड़ा जा सकता है।

शिवपुरी जिले में पिछले एक वर्ष के अंतर्गत किए गए ऐसे सोनोग्राफी परीक्षण जिनमें गर्भावस्था की अवधि के आधार पर, सर्वेक्षण के समय तक शिशु का जन्म हो जाना चाहिए था, पर ध्यान केंद्रित किया गया एवं सामाजिक चिकित्सकीय अंकेक्षण से ऐसे दो प्रकरणों का पर्दाफाश किया गया जो कि लिंग परीक्षण आधारित कन्या भ्रूण के मामले थे, जिसका विस्तृत उल्लेख संबंधित अध्याय में किया गया है।

यदि एक बार एक-दो चिकित्सकों पर संदेह की सूई अटक गई तो वे सामान्यतः एक-दूसरे पर दोषारोपण करने लगेंगे और हम दोषी को पकड़ने में सफल होंगे। एक बार हित टकराते हैं तो निष्ठाएँ भी समाप्त हो जाती हैं। यदि कोई स्त्री रोग विशेषज्ञ पकड़ी/पकड़ा जाता है तो वह रेडियोलॉजिस्ट को दोषी कहता है या यदि रेडियोलॉजिस्ट पकड़ा जाता है तो वह स्त्री रोग विशेषज्ञ पर दोषारोपण करता है। एक को पकड़ने पर दूसरे पर आरोप, प्रत्यारोप लगाये जाते हैं। अंततः दोषी को पर्याप्त साक्ष्य के आधार पर पकड़ा जा सकता है।

❐

# पी.सी. एण्ड पी.एन.डी.टी. एक्ट : एक पुनरावलोकन

# पी.सी. एंड पी.एन.डी.टी. एक्ट : एक पुनरावलोकन

राष्ट्रीय न्यायिक अकादमी द्वारा विभिन्न राज्यों की न्यायिक अकादमियों के संचालकों को प्रशिक्षित करने के लिए एक कार्यक्रम का आयोजन किया गया। विषय था "लैंगिक न्याय संबंधित मुद्दे : विशेष संदर्भ—पी.सी. एंड पी.एन.डी.टी. एक्ट"। इस कार्यक्रम में भाग लेते हुए मुझे "कानून एवं प्रशासन-प्रभावी क्रियान्वयन में अवरोधक मुद्दे" (Law and administration including issues impending effective enforcement) विषय पर व्याख्यान देने का अवसर मिला।

इस कार्यशाला के सहभागियों ने पी.सी. एंड पी.एन.डी.टी. एक्ट की कुछ विसंगतियों की ओर ध्यान दिलाया, जिसमें एक्ट की धारा 27 और 28 के प्रावधानों को मुख्यतः संदर्भित किया गया था। उनके विचार में ये प्रावधान एक्ट के प्रभावी क्रियान्वयन में अवरोध हैं।

यहाँ पहले पी.सी. एंड पी.एन.डी.टी. एक्ट की इन धाराओं का परीक्षण करना उचित होगा। धारा 27 में उल्लेख है कि इस अधिनियम के अंतर्गत प्रत्येक अपराध संज्ञेय होगा, गैर-जमानती होगा और अक्षमनीय अर्थात् आपस में राजीनामे के योग्य नहीं होगा। इससे यह मतलब निकलता है कि पुलिस इन प्रकरणों में प्रथम सूचना रिपोर्ट के आधार पर कार्यवाही कर सकती है। एक्ट की धारा 28 में उल्लेख है कि कोई भी न्यायालय इस एक्ट के अंतर्गत किए गए अपराध का

संज्ञान तब तक नहीं लेगा जब तक नीचे लिखे लोगों द्वारा शिकायत दर्ज न कराई जाए—

(अ) संबंधित समुचित प्राधिकारी या अन्य कोई अधिकारी जिसे केंद्र सरकार या राज्य सरकार द्वारा इस संबंध में प्राधिकृत किया गया हो।

या

(ब) ऐसा व्यक्ति जिसने समुचित प्राधिकारी को निर्धारित प्रारूप में आरोपित अपराध और उसके न्यायालय में शिकायत करने के आशय या इरादे से संबंधित कम-से-कम पंद्रह दिन का नोटिस दिया हो।

इस प्रकार की परिस्थितियों में की जा सकने वाली कार्यवाही मध्यप्रदेश उच्च न्यायालय, जबलपुर के न्यायिक अधिकारी प्रशिक्षण एवं शोध संस्थान के अतिरिक्त संचालक श्री शैलेन्द्र शुक्ला के आलेख 'पी.सी. एंड पी.एन.डी.टी. एक्ट 1994 : ए मेयर पेपर टायगर' में भी सुझाई गई है।

उनकी राय में विचाराधिकार से संबंधित ऊपर वर्णित कठिनाइयों को दूर करने के लिए पंजाब राज्य बनाम राजसिंह और अन्य (1998), एस.एस.सी. 391 प्रकरण में सर्वोच्च न्यायालय की घोषणा को लागू किया जाना चाहिए। इस फैसले के अनुसार जब अपराध संज्ञेय है और शिकायत के आधार पर ही न्यायालय द्वारा संज्ञान लिया जा सकता हो तो उपयुक्त कार्यवाही यही होगी कि पुलिस प्रथम सूचना रिपोर्ट के आधार पर मामले की जाँच करे। चूंकि अपराध संज्ञेय है इसलिए न्यायालय के समक्ष चालान प्रस्तुत करने की अपेक्षा पुलिस समुचित प्राधिकारी को प्रतिवेदन प्रस्तुत कर सकती है और समुचित प्राधिकारी पुलिस प्रतिवेदन के साथ शिकायत दर्ज कर सकता है।

इस अधिनियम की सबसे बड़ी कमजोरी यही है कि उसका क्रियान्वयन नहीं किया जा रहा है। प्रख्यात अर्थशास्त्री एवं नोबल पुरस्कार विजेता प्रो. अमर्त्य सेन ने अपनी पुस्तक *'द आर्ग्यूमेंटेटिव इंडियन'* में लिखा है कि ''इस उचित भय के कारण कि लिंग चयन आधारित गर्भपात महिला के विरुद्ध पक्षपात की भारतीय परंपरा के नए वाहक बन जाएँगे, हमारी संसद ने कुछ वर्ष पहले भ्रूण की लिंग चयन तकनीक को केवल कतिपय आवश्यक चिकित्सकीय जाँच के सह-उत्पाद के सिवाय, प्रतिबंधित कर दिया था।

**लेकिन ऐसा लगता है कि इस कानून के क्रियान्वयन को सोच-समझ कर व्यापक रूप से उपेक्षित किया गया है।''**

डा. मीता सिंह, लिंग विशेषज्ञ, आई.एफ.ई.एस. ने अधिनियम के बेहतर क्रियान्वयन के लिए निम्नानुसार उपाय सुझाये हैं—

1. दायित्व निर्धारण : समय की माँग है कि राज्य सरकारें विभिन्न स्तर पर कार्यरत समुचित प्राधिकारियों को सक्रिय करें तथा अधिनियम में निर्धारित किए गए उनके दायित्वों को भी सुनिश्चित करें।
2. सलाहकार समितियों का गठन : राज्य सरकारों को चाहिए कि अधिनियम में नियत की गई सलाहकार समितियों का हर स्तर पर गठन किया जाना सुनिश्चित करें।
3. प्रशिक्षण : राज्य सरकारों को चाहिए कि सभी समुचित प्राधिकारियों और सलाहकार समितियों के सदस्यों के उचित प्रशिक्षण हेतु उपयुक्त एवं पर्याप्त व्यवस्था करें ताकि उनकी भूमिका और उत्तरदायित्व स्पष्ट रूप से समझे जा सकें और उनका समग्र रूप से पालन किया जा सके। प्रशिक्षण में आँकड़ों के विश्लेषण की क्षमता विकसित करने को भी सम्मिलित किया जाना चाहिए।
4. चिकित्सकीय अंकेक्षण : सभी पंजीकृत संस्थाओं, चिकित्सालयों द्वारा संधारित किए गए अल्ट्रासोनोग्राफी के अभिलेखों का अंकेक्षण कठोरता से किया जाना चाहिए ताकि अपराध करने वाली स्वास्थ्य संस्थाओं की पहचान हो सके तथा समुचित प्राधिकारी द्वारा उचित कार्यवाही की जा सके।
5. क्रय-विक्रय का रिकॉर्ड : अधिनियम के अनुसार समुचित प्राधिकारी को चाहिए कि अल्ट्रासाउंड मशीनों के क्रय-विक्रय पर कड़ी निगरानी रखे तथा सुनिश्चित करे कि कानून का उल्लंघन करने वाले विक्रेताओं की पहचान करके उनके खिलाफ उचित कार्रवाई की जाए।
6. मशीनों का संचालन करने वाले व्यक्ति : किसी भी चिकित्सालय/संस्था का पंजीकरण स्वीकृत करने से पहले समुचित प्राधिकारी को चाहिए कि वे मशीनों को संचालित करने वाले व्यक्तियों की योग्यता एवं अनुभव की अच्छी तरह जाँच कर लें।

दूसरा महत्त्वपूर्ण बिंदु, जो इस अधिनियम के क्रियान्वयन को विषयपरकता प्रदान करता है, वह यह है कि राज्य समुचित प्राधिकारी जो आवश्यक रूप से संचालक लोक स्वास्थ्य अधिकारी या उनके समकक्ष अधिकारी होता है, राज्य में इस अधिनियम के उचित क्रियान्वयन के लिए उत्तरदायी है तथा वह राज्य अपीली प्राधिकरण का भी अध्यक्ष होता है।

पी.सी. एंड पी.एन.डी.टी. एक्ट के नियम 19 में प्रावधान है कि जिला स्तर के समुचित प्राधिकारी के निर्णय के विरुद्ध अपील 30 दिन के भीतर राज्य स्तर के समुचित प्राधिकारी के समक्ष की जा सकती है। एक्ट की धारा 17 राज्य समुचित प्राधिकरण के सदस्यों को निम्नानुसार परिभाषित करती है—

1. स्वास्थ्य और परिवार कल्याण विभाग के संयुक्त संचालक के स्तर या उससे ऊपर के स्तर का अधिकारी-अध्यक्ष
2. एक प्रतिष्ठित/विशिष्ट महिला जो किसी महिला संगठन की सदस्य हो, तथा
3. संबंधित राज्य या केंद्र शासित प्रदेश के विधि विभाग का कोई अधिकारी

मेरे विचार से एक ही व्यक्ति को, जो कि उसी व्यवसाय अर्थात् चिकित्सा व्यवसाय का हो, राज्य समुचित प्राधिकारी एवं राज्य अपीली प्राधिकरण का अध्यक्ष बनाने का विचार अधिनियम के समयबद्ध एवं प्रभावी क्रियान्वयन को सुनिश्चित करने के लिए ही किया गया होगा। यद्यपि अनुभव यह बताता है कि एक ही व्यक्ति द्वारा दोनों भूमिकाओं यथा राज्य समुचित प्राधिकारी एवं अध्यक्ष अपीली प्राधिकरण का निर्वहन करते समय वस्तुपरकता सुनिश्चित नहीं की जा सकी है। यह मुरैना प्रकरण के अध्ययन व अनुभव से, जो इसी पुस्तक में अन्यत्र वर्णित है, भलीभाँति समझा तथा स्पष्ट किया जा सकता है।

यह दुःखद है कि कन्या भ्रूण हत्या की स्थिति में ग्राहक और चिकित्सक के बीच का गठजोड़ कार्य की प्रकृति के कारण, एक ऐसी स्थिति उत्पन्न कर देता है जिसमें चिकित्सक और मृत भ्रूण के माता-पिता दोनों ही न तो प्रकरण की सूचना देते हैं और न ही प्रमाणीकरण करते हैं। इस गठजोड़ का शिकार भ्रूण बनता है जिसका जीवन ही छीन लिया जाता है। ऐसी परिस्थितियों में साक्ष्य एकत्रित करने का कार्य उसी व्यवसाय, यथा चिकित्सा

समुदाय के लोगों द्वारा सामाजिक एवं चिकित्सकीय अंकेक्षण के जरिए बेहतर ढंग से किया जा सकता है।

इसलिए फिलहाल पूरा ध्यान वर्तमान स्थिति में ही कानून को क्रियान्वित करने पर होना चाहिए। अधिनियम में अंतिम संशोधन 2003 में किया गया था। आज तक अधिनियम के प्रभावी क्रियान्वयन का कार्य सारे देश में ही कमजोर रहा है। शिशु लिंगानुपात के भयानक रूप से गिरते स्तर को देखते हुए यह आवश्यक है कि अधिनियम को उसके वर्तमान स्वरूप में ही क्रियान्वित किया जाए, बजाय इसके कि उसमें व्यापक संशोधनों पर ध्यान केंद्रित किया जाए। यद्यपि इसमें कुछ सूक्ष्म सुधार उपयोगी हो सकते हैं, परंतु जैसा भी अधिनियम अभी है वह कन्या भ्रूण हत्या की प्रवृत्तियों का सामना करने के लिए शब्द एवं भावार्थ, दोनों ही रूप में पर्याप्त सामर्थ्य युक्त है।

❐

# समाधान: किस से क्या अपेक्षा है?

# समाधान : किससे क्या अपेक्षा है?

देश में मौजूद विपरीत लिंगानुपात के भयावह परिदृश्य को देखते हुए फरवरी, 2005 में ग्वालियर, मध्यप्रदेश में एक जागरूकता एवं विचार मंथन सत्र आयोजित किया गया, जिसमें विभिन्न प्रासंगिक व्यक्तियों ने भाग लिया। कार्यक्रम में चिकित्सा क्षेत्र के विशेषज्ञ, अभिभाषक, वरिष्ठ एवं अनुभवी प्रशासक, और अनेक नागरिक संगठनों के प्रतिनिधियों ने भाग लिया। विशेषज्ञता आधारित समझ विकसित करने एवं ज्ञानपरक सुझावों के अनुमोदन हेतु कार्यशाला के प्रतिभागियों को चार समूहों में विभाजित किया गया ताकि बढ़ती हुई लैंगिक असमानता की समस्या और उसकी चुनौतियों के संदर्भ में समाज में विभिन्न समूहों की भविष्य की भूमिका और दायित्वों पर विचार-विमर्श किया जा सके। समूहों ने पी.सी. एंड पी.एन.डी.टी. एक्ट के प्रभावी क्रियान्वयन की कार्यविधि तथा लिंग आधारित भेदभाव से संबंधित चिंता और जागृति को बढ़ाने के लिए सुझाव दिए। कार्यशाला में निम्नांकित सुझाव उभर कर सामने आए—

**चिकित्सक बिरादरी की भूमिका**

- बढ़ती हुई कुप्रवृत्तियों को रोकने के लिए उपाय और प्रक्रिया की तलाश सम्माननीय एवं समर्पित चिकित्सकों के द्वारा की जानी चाहिए।
- एक्ट के अंतर्गत पंजीकृत इकाइयों को चाहिए कि वे

अधिनियम की आत्मा और उद्देश्य का सम्मान करते हुए प्रशासकीय आवश्यकताओं की पूर्ति करें तथा आवश्यक अभिलेखों को सतत रूप से तैयार कर प्रत्येक माह की पाँच तारीख तक समुचित प्राधिकारी के समक्ष प्रस्तुत करें।

- चिकित्सा समुदाय एवं सामान्यजन के मध्य चिकित्सकीय नैतिकता के प्रति समझ का संचार किया जाना आवश्यक है।
- निजी एवं शासकीय चिकित्सकों के बीच पारस्परिक संबंधों को प्रेरित एवं प्रोत्साहित किया जाना चाहिए ताकि स्वस्थ व्यावसायिक संस्कृति विकसित हो सके। उन्हें चाहिए कि वे अपने ऐसे चिकित्सक सहयोगियों के विरुद्ध शिकायत करने की भी पहल करें जो अवैधानिक गतिविधियों में संलग्न हों।
- न्यायालय द्वारा दोषी करार दिए गए चिकित्सकों को उनके साथी चिकित्सकों या चिकित्सक समुदाय द्वारा बहिष्कृत कर दंडित किया जाना चाहिए।
- चिकित्सा समुदाय की एक सामाजिक जवाबदेही है। उन्हें चाहिए कि सक्रियता से आगे आकर लिंग परीक्षण प्रक्रिया एवं कन्या भ्रूण हत्या की प्रवृत्ति का विरोध करें।
- परिवार एवं चिकित्सा संबंधी तकनीकी के बीच एक सेतु के रूप में चिकित्सकगण बहुधा इस स्थिति में रहते हैं जब वे न केवल कानून के क्रियान्वयनकर्ता की भूमिका निभा सकते हैं अपितु एक चिकित्सक के रूप में समाज को सकारात्मक रूप से प्रभावित भी कर सकते हैं। चिकित्सक को चाहिए कि वे परिवार को परामर्श दें कि लड़का और लड़की समान हैं। चूंकि समाज में चिकित्सकों का सम्माननीय स्थान है, अतः उनके परामर्श का मान होगा और समाज में परिवर्तन आ सकेगा।
- चिकित्सक बंधुओं को आगे आकर चिकित्सकीय कौशल तथा संक्रामक रोग विज्ञान संबंधी ज्ञान को परिपुष्ट करना चाहिए, और इस प्रकार दूरदराज क्षेत्रों में पदस्थ साथी चिकित्सकों की क्षमता को बढ़ाना चाहिए।

**समाज की भूमिका**

- वैधानिक संस्थाओं के कुछ अपवादस्वरूप उदाहरणों को छोड़कर

मूक कार्यप्रणाली की पृष्ठभूमि में एक जागरूक समाज या समूह जो वैधानिक संस्थाओं के समानांतर हों, स्वयं कार्य कर या समुचित प्राधिकारी को प्रेरित कर कानून की अपेक्षाओं की पूर्ति करने एवं क्रियान्वयन की निगरानी करने में प्रभावी भूमिका अदा कर सकता है।

- समाज को चाहिए कि वह अधिनियम के उद्देश्यों की प्रभावी निगरानी में योगदान दे। एक उत्तरदायी नागरिक की भाँति हम सब अपने परिवारों, मित्रों, संबंधियों तथा परिचितों को लिंग परीक्षण आधारित गर्भपात कराने के विरुद्ध प्रेरित कर सकते हैं। हमें महिलाओं और बालिकाओं को समाज में समान स्तर दिलाने में भी सकारात्मक भूमिका निभानी चाहिए ताकि लिंग आधारित भेदभाव को कम किया जा सके। हमें अपनी इस विचारधारा को अपने घर पर, बाहर तथा कार्यस्थलों पर दिन प्रतिदिन के कार्यों में प्रतिबिंबित करना चाहिए ताकि लिंग आधारित पक्षपात कम किया जा सके।
- समाज में नागरिकों को चाहिए कि वे आगे आकर लिंग चयन के इस उद्योग से संघर्ष हेतु स्वयं को छापामार कार्यवाही करने के लिए तैयार करें। समुचित प्राधिकारी के समक्ष शिकायतें दर्ज कराएँ और आवश्यक हो तो निजी शिकायतें करने हेतु अगुवाई भी करें।
- कानून के प्रावधानों को समझने और चिकित्सा विज्ञान की जटिलताओं को जानने के लिए उच्च स्तर की तकनीकी विशेषज्ञता आवश्यकता होती है तथा ये सामान्यजन को रहस्यात्मक लगते हैं। पी.सी. एंड पी.एन.डी.टी. एक्ट के दुरुपयोग को रोकने में सक्रिय भागीदारी करने के लिए एक्ट के प्रावधानों की सहज व्याख्या आवश्यक है, जो सरलीकृत प्रारूप में हो और व्यावहारिक उदाहरणों से परिपूर्ण हो।
- समाज के सदस्य विभिन्न समूहों और मंचों (जैसे—विद्यालय, सामुदायिक सभाओं, निर्वाचित प्रतिनिधियों) पर शहरी व ग्रामीण क्षेत्रों में जागरूकता तथा प्रशिक्षण आदि प्रदान करने में सक्रिय भूमिका निभा सकते हैं।

- मीडिया समाज को सर्वाधिक प्रभावित करने वाले सशक्त माध्यमों में से एक है। विभिन्न समाजों में मीडिया की घुसपैठ को सराहा व उपयोग किया जाना चाहिए। मीडिया के माध्यम से जो भी संदेश दिया जाए वह भी सुविचारित, सरल तथा संक्षिप्त होना चाहिए। इस प्रकार का हस्तक्षेप तब बहुत अधिक सशक्त हो जाता है जब समाज उसे नेतृत्व प्रदान करता है।
- पी.सी. एंड पी.एन.डी.टी. एक्ट की जानकारी का अभाव होने एवं उसका क्रियान्वयन कमजोर रहने के कारण प्रारंभिक वर्षों में व्यक्तिगत प्रयासों पर बहुत अधिक भार रहेगा। अभी भी हम इस अवैध कार्य को रोकने के लिए स्वयं पहल करने वाले व्यक्तियों पर ही निर्भर हैं। इसलिए हमें तत्काल नेतृत्व की दूसरी पंक्ति तैयार करने के पुख्ता आधार को मान्यता देने की आवश्यकता है। समाज में से ही प्रभावी स्थानीय नेतृत्व उभर कर सामने आएगा।
- जन्म के पंजीकरण के लिए लोक जागृति पैदा करना आवश्यक है ताकि उपयुक्त रिकॉर्ड रखा जा सके। शत-प्रतिशत पंजीकरण को सुनिश्चित करने के लिए सभी प्रयास किए जाने चाहिए।
- समाज जीवन के विभिन्न पहलुओं से चरित्र एवं ताकत अर्जित करता है और वही सरकारी तथा गैर-सरकारी संगठनों के बीच उत्प्रेरक का काम भी कर सकता है।

## कानूनी रणनीतियाँ

- कानून का क्षेत्र बहुत व्यापक है और वकीलों के लिए यह बहुत कठिन है कि वे कानून में हस्तक्षेप के सभी क्षेत्रों में समान रूप से पारंगत हों। अतः संभव है कि यह समुदाय कुछ कानूनों खासतौर पर पी.सी. एंड पी.एन.डी.टी. जैसे अधिनियमों से अनभिज्ञ हो। इस अधिनियम से संबंधित एक विशिष्ट एवं संक्षिप्त प्रशिक्षण पाठ्यक्रम वकीलों को प्रशिक्षित करने तथा जागरूकता पैदा करने के लिए बनाया जाना चाहिए।
- प्रकरण की सफलता प्रथम सूचना रिपोर्ट दर्ज करने या आरोप पत्र प्रस्तुत करने में नहीं है और न ही आरोपी को गिरफ्तार करने में

है। प्रकरण का समयबद्ध निराकरण ही सबसे महत्त्वपूर्ण है। अधिकांश प्रकरण इतने लंबे चलते हैं कि छापामार कार्यवाही करने वाले स्वयंसेवक और गवाह हतोत्साहित हो जाते हैं। यह उनके लिए पीड़ादायी अनुभव हो जाता है। विलंब के कारण गवाहों के पलट जाने का खतरा बना रहता है एवं उत्साही स्वयंसेवी भी उम्मीद खो बैठता है। अतः यह वांछनीय है कि प्रकरण के निराकरण एवं अंतिम फैसले के लिए एक निश्चित अवधि निर्धारित की जाए।

- पी.सी. एंड पी.एन.डी.टी. एक्ट के प्रकरणों के अन्वेषण को समर्पित एक अलग प्रकोष्ठ बनाया जाना चाहिए क्योंकि अपराध की प्रकृति कुछ इस प्रकार की है कि अपराधी सदैव नई-नई युक्तियाँ बना कर या रणनीति तैयार कर अन्वेषण अधिकारियों को धोखा देते रहेंगे या उनसे आँखमिचौनी करते रहेंगे। इस प्रकार के प्रकरणों में अन्वेषण की अवधि सर्वाधिक नाजुक मोड़ होती है इसलिए इस दौरान पूरी सावधानी जरूरी है। अन्वेषण के लिए एक मोबाइल फोरेन्सिक सेल भी प्रारंभ किया जा सकता है।
- ऐसा प्रावधान किया जाना चाहिए कि जिला मजिस्ट्रेट, पुलिस अधीक्षक तथा जिला एवं सत्र न्यायाधीश की मासिक बैठकों के एजेंडा के एक नियमित भाग के रूप में पी.सी. एंड पी.एन.डी.टी एक्ट के प्रकरणों पर आवश्यक रूप से विचार किया जाए तथा उनकी निगरानी की व्यवस्था की जाए। यह इसलिए भी आवश्यक है क्योंकि लिंग निर्धारण का संकट कानून और व्यवस्था के नजरिए से भी देखा जाता है। जिले के उच्च अधिकारियों का यह कदम एक सकारात्मक प्रशासकीय इच्छा का द्योतक होगा।

**राज्य एवं जिला प्राधिकारी**

- निचले स्तर पर पी.सी. एंड पी.एन.डी.टी एक्ट के क्रियान्वयन को केंद्रित करने के लिए एक कार्यदल (टास्क फोर्स) बनाया जाना चाहिए। यह दल छोटे-छोटे योजना क्षेत्रों में हस्तक्षेप कर स्थिति पर बेहतर नियंत्रण पा सकता है, बजाय इसके कि योजना क्षेत्र बिखरे और बड़े-बड़े हों और उसी प्रकार हस्तक्षेप भी बिखरा-बिखरा

हो। इस कार्यदल को सीधे मुख्यमंत्री, मुख्य सचिव के नियंत्रण और निगरानी में रखा जा सकता है ताकि दिशानिर्देश सुनिश्चित किए जा सकें और निचले स्तर पर मिले बेहतर अनुभवों को पूरे राज्य में अपनाया जा सके।

- समुचित प्राधिकारियों की क्षमता निर्माण हेतु बार-बार प्रशिक्षण सत्रों का आयोजन किया जाना चाहिए।
- कार्यशाला में यह भी प्रतिध्वनित हुआ कि पी.सी. एंड पी.एन.डी. टी. एक्ट के प्रकरणों के अनुसरण में प्रमुख कठिनाई प्राथमिक और द्वितीयक स्तर के साक्ष्य तैयार करने में होती है। अधिकतर ये साक्ष्य उसी रिकॉर्ड से निकालने पड़ते हैं जो अनुज्ञानुसार आनुवांशिक परामर्श केन्द्र क्लिनिक, आनुवांशिक प्रयोगशाला या आनुवांशिक केंद्र द्वारा तैयार किया जाता है। अतः इन प्रतिवेदनों के साथ-साथ सोनोग्राफी केंद्रों के आँकड़ों, जन्म-मृत्यु एवं गर्भावस्था के पंजीकरण आँकड़ों का नियमित रूप से अनुश्रवण एवं अंकेक्षण किया जाना चाहिए।
- बेची गई अल्ट्रासाउंड मशीनों और पंजीकृत पायी गई मशीनों की संख्या का मिलान करने के लिए एक डेटाबेस विकसित किया जाना चाहिए ताकि मशीनों के अवैधानिक उपयोग की जाँच करके राज्य एवं पंजीकरण अधिकारी को सूचित किया जा सके।
- मोबाइल अल्ट्रासाउंड मशीनों की पहचान प्राथमिकता के आधार पर की जाना चाहिए क्योंकि इनके द्वारा ही घर-घर जाकर लिंग परीक्षण सेवा प्रदान की जाती है और संस्थागत हिंसा का अपराध किया जाता है। यह प्रवृत्ति एक बढ़ते हुए खतरे की तरह उभर कर सामने आ रही है जो कि अधिकांशतः बिना किसी जाँच के रह जाती है।
- जिन चिकित्सकों ने चिकित्सा विज्ञान की स्नातक योग्यता भी नहीं पायी है उनके द्वारा अल्ट्रासाउंड मशीनों के उपयोग को रोकने के लिए कठोर नियम बनाने होंगे। यदि चिकित्सक के पास रेडियोलॉजी में स्नातकोत्तर उपाधि नहीं हो तो पंजीकरण अधिकारी को चाहिए कि वह चिकित्सक के अनुभव तथा अधिनियम में

निर्धारित प्रशिक्षण की आवश्यकताओं से स्वयं को पूर्णतः संतुष्ट कर लें।

- अधिनियम की धारा 17 के अनुसार अधिनियम के क्रियान्वयन के लिए संपूर्ण राज्य या उसके किसी भाग के लिए शासकीय राजपत्र में एक अधिसूचना प्रकाशित कर समुचित प्राधिकारी की नियुक्ति की जाएगी। समुचित प्राधिकारी वह केंद्रबिंदु है जिसके चारों ओर अधिनियम घूमता है। इस अधिनियम के अंतर्गत समुचित प्राधिकारी को अनेक कार्य एवं दायित्व दिए गए हैं, यथा, पंजीकरण स्वीकृत, निरस्त या निलंबित करना, निर्धारित मानकों को क्रियान्वित करना, उल्लंघन की शिकायतों की खोजबीन करना, परामर्श लेना तथा उस पर विचार करना, जागरूकता पैदा करना, समुचित कानूनी कार्यवाही करना, प्रावधानों के क्रियान्वयन को देखना, अधिनियम एवं नियमों में संशोधन प्रस्तावित करना एवं वे सभी कार्य करना जो अधिनियम के क्रियान्वयन के लिए आवश्यक हों। अतः जबकि समुचित प्राधिकारी की जिम्मेदारी भली-भाँति परिभाषित है, यह भी वांछनीय होगा कि जिला एवं राज्य प्राधिकारी की जवाबदेही तय करने की व्यवस्था भी स्पष्ट की जाए।
- पी.सी. एंड पी.एन.डी.टी. एक्ट को चिकित्सा एवं नर्सिंग महाविद्यालयों के पाठ्यक्रम के साथ-साथ समाज विज्ञान के पाठ्यक्रमों में भी सम्मिलित किया जाना चाहिए।
- 'छोटा परिवार-सुखी परिवार' के सिद्धांत की समीक्षा करके उसे पुनः परिभाषित किया जाना चाहिए ताकि छोटे परिवार के सिद्धांत को लैंगिक समता तथा समानता के सामाजिक जागरण से जोड़ा जा सके।
- धोखेबाज चिकित्सकों तथा ग्रामीण क्षेत्रों में फल-फूल रहे नीम-हकीमों, जो कि विभिन्न प्रकार के अवैधानिक कार्यों में संलग्न रहते हैं, से संबंधित सभी मामलों को भी संबोधित किया जाना चाहिए। यह तभी संभव है जब कि एक ऐसी उपभोक्ता आधारित जनस्वास्थ्य आपूर्ति व्यवस्था विकसित की जाए जो ग्रामीण एवं शहरी क्षेत्रों में

सामान्यजन को उच्च गुणवत्ता की स्वास्थ्य सेवाएँ प्रदान कर सके।

- अपराधी पाए गए चिकित्सकों को कठोर दंड दिया जाना चाहिए।
- प्रसव पूर्व निदान परीक्षण पद्धति के औचित्य के संबंध में चिकित्सक के परामर्श को रोगी अथवा संबंधित व्यक्ति संशय की दृष्टि से देख सकता है। इस समस्या के समाधान के लिए एक वेबसाइट के माध्यम से परामर्श एवं सलाह देने की व्यवस्था निर्मित की जा सकती है ताकि लोग स्वयं सही एवं विश्वसनीय जानकारी प्राप्त कर सकें।

लिंग चयन उपरांत गर्भपात जैसी चाहत के मूल में 'प्रबल लिंग आधारित पक्षपात' की प्रवृत्ति है जो कि समाज में वर्षों से अंतर्निहित है। इसलिए हमारे लिंग आधारित पक्षपात के रवैये में भी परिवर्तन किए जाने की आवश्यकता है। कुछ परिवर्तन निम्नानुसार हो सकते हैं—

1. महिलाओं को घर, कार्यस्थल या विद्यालय आदि दैनंदिन जीवन के सभी क्षेत्रों में समान स्थान एवं अवसर प्रदान करना।
2. लिंग परीक्षण के विरुद्ध अभियान के साथ ही साथ ऐसे विज्ञापनों में भी सुधार करना आवश्यक है जो 'लैंगिक पक्षपात' को बढ़ावा देते हैं।
3. ऐसे व्यक्तियों के उदाहरणों को विशेष प्रकाश में लाना चाहिए जो दहेज विरोधी निर्णय लेते हैं।
4. किशोर बालिकाओं एवं बालकों को यह समझाया जाना चाहिए कि बच्चे के लिंग निर्धारण में पिता (biological father) की भूमिका निर्णायक होती है।
5. परिवार की संपत्ति में पुत्री के उत्तराधिकार के अधिकार पर जोर दिया जाना चाहिए।
6. वृद्ध माता-पिता की देखभाल करने वाली बेटियों के प्रयासों की सार्वजनिक रूप से प्रशंसा की जानी चाहिए और उन्हें समाज द्वारा मान्यता दी जानी चाहिए।
7. लड़कियों द्वारा माता-पिता के अंतिम संस्कार को सामान्य आचरण के रूप में स्वीकार किया जाना चाहिए तथा उन्हें सम्मान से देखा जाना चाहिए।

इसमें कोई संदेह नहीं कि ये सभी सुझाव महत्त्वपूर्ण हैं परंतु इनमें से कुछ को प्राथमिकता के आधार पर लेकर उनके क्रियान्वयन के लिए एक न्यूनतम साझा कार्यक्रम बनाया जाना चाहिए। इसे परिणाममूलक बनाने के लिए एक प्रक्रिया भी विकसित की जानी चाहिए जिसमें केवल प्रतिबद्ध चिकित्सकों को ही नहीं अपितु विशिष्ट न्यायविदों और संबंधित राज्य के प्रशासनिक अधिकारियों आदि को भी सम्मिलित किया जाना चाहिए।

❐

# मुरैना का अनुभव

# मुरैना का अनुभव

एक गाँव के दौरे के समय जब आँगनवाड़ी कार्यकर्ता से पूछा गया कि आँगनवाड़ी में लड़कों के मुकाबले लड़कियों की संख्या कम दर्ज क्यों है तो उसने तुरंत उत्तर दिया "गाँव में लड़कियाँ हों तो दर्ज करें।" आँगनवाड़ी कार्यकर्ता के इस उत्तर ने हमें तत्काल एक निर्णय लेने के लिए प्रेरित किया।

मुरैना जिले का नाम आते ही जहन में एक ऐसे इलाके का खयाल आता है जो दस्यु पीड़ित है, जहाँ चारों ओर घाटियाँ और जंगल हैं, जहाँ केवल बंदूक की संस्कृति चलती है, और जो खालिस पुरुष प्रधान समाज है, जिसमें कन्या शिशु हत्या का प्रचलन सा है। चिकित्सा क्षेत्र की पृष्ठभूमि होने एवं ऊपर वर्णित तथ्यों को देखते हुए मेरे लिए यह स्वाभाविक ही था कि मैं जिले में विपरीत लिंग अनुपात की समस्या पर ध्यान केंद्रित करता।

समस्या की विकरालता को समझने में मुझे अधिक समय नहीं लगा क्योंकि जिले में कई स्वयंसेवी संस्थाएँ इस विषय पर पहले से ही कार्य कर रही थीं। जिला प्रशासन ने निर्णय लिया कि आँगनवाड़ी केंद्रों में जन्म से 5 वर्ष तक की आयु के बच्चों के नामांकन को प्रेरित कर प्रत्येक गाँव के शिशु लिंगानुपात का चित्रांकन किया जाए। इस रणनीति के दोहरे लाभ थे। पहला तो यह कि छोटे-छोटे बच्चों को आँगनवाड़ी लाकर उन्हें सभी जीवंत एवं महत्त्वपूर्ण सेवाएँ प्रदान की जा सकती थीं और साथ ही गाँवों का शिशु लिंगानुपात पता लगा कर

समस्याग्रस्त क्षेत्रों की पहचान आसानी से की जा सकती थी।

लिंगानुपात के चित्रांकन की विस्तृत रणनीति तैयार करने पर जब कार्य चल ही रहा था, तभी एक और गाँव के दौरे से यह तथ्य सामने आया कि कन्या शिशु हत्याओं के पुराने चलन का स्थान अब कन्या भ्रूण हत्या ने ले लिया है। एक गाँव के पायलट सर्वेक्षण के दौरान अधिकारियों के एक दल ने जब घर-घर जाकर सर्वेक्षण किया तो चौंकाने वाले तथ्य सामने आए। जब शाम को गाँव वालों से इस संबंध में चर्चा हुई तो उन्होंने न केवल इन आँकड़ों को स्वीकार किया बल्कि मुखर होकर सोनोग्राफी के माध्यम से लिंग परीक्षण कराने तथा कन्या भ्रूण हत्या कराने की बात भी स्वीकार की। और आगे पूछने पर ग्रामवासियों ने उन नर्सिंग होम्स के नाम भी बताये जहाँ वे लिंग परीक्षण के लिए गए थे। जाँच में पता चला कि जिले में ही 11 केंद्रों का पंजीकरण पी.सी. एंड पी.एन.डी. एक्ट के अंतर्गत हुआ था। साथ ही अन्य कई सारे केंद्र समीप के जिले में भी पंजीकृत किए गए थे। अधिकांश आबादी ने इस काम के लिए पास के जिलों में जाने को प्राथमिकता दी थी क्योंकि वहाँ नाम गुप्त रहने के साथ-साथ बेहतर चिकित्सकीय सुविधाएँ भी उपलब्ध थीं।

कई अवसरों पर जिले भर के चिकित्सक समुदाय से विचार-विमर्श आयोजित किए गए। इन चर्चाओं का विषय मुख्यतः जिले में हो रहे लिंग परीक्षण को हतोत्साहित करना था। हरेक विमर्श के दौरान यह भी बताया जाता था कि जिला प्रशासन इस घृणित कार्य को और चलने नहीं देगा। फिर भी कुछ चिकित्सकों के तौर-तरीकों में कोई परिवर्तन नहीं आया।

मुरैना जिले में विपरीत लिंग अनुपात की स्थिति राज्य भर में सबसे खराब है, इस तथ्य को ध्यान में रखते हुए यह आवश्यक हो गया था कि कतिपय चिकित्सकों के विरुद्ध कार्यवाही की जाए। विशेषतः यह सुनिश्चित हो जाने के बाद कि अधिकांशतः लिंग परीक्षण के लिए अल्ट्रासाउंड पद्धति का ही उपयोग किया जाता है एवं जिले में वांछनीय योग्यता प्राप्त चिकित्सक ही लिंग परीक्षण तथा कन्या भ्रूण हत्या की प्रक्रिया में संलग्न थे।

अब प्रशासन के पास दो विकल्प ही शेष थे। पहला यह कि कोई प्रलोभन देकर पकड़ने वाले प्रकरण तैयार किए जाएँ या फिर इन केंद्रों द्वारा रखा जाने वाला अभिलेख चिकित्सकीय अंकेक्षण के लिए प्राप्त किया जाए। चूंकि प्रलोभन देकर पकड़ने से अनेक जटिलताएँ पैदा होतीं और चिकित्सकों

को अनावश्यक रूप से तंग करने का इल्जाम भी लगता, अतः यही उपयुक्त तथा विवेकपूर्ण लगा कि सूचना के उन सूक्ष्म क्षेत्रों को तलाशा जाए जिनसे कुछ ठोस व निष्कर्षपूर्ण साक्ष्य मिल सकें। फलस्वरूप, एक्ट के अंतर्गत पंजीकृत नौ केंद्रों के रिकॉर्ड जब्त किए गए।

इन दस्तावेजों का केंद्रवार सूक्ष्म विश्लेषण किया गया। आश्चर्य की बात थी कि जिन केंद्रों का पंजीकरण हो चुका था उनके द्वारा आवश्यक वैधानिक रिकॉर्ड रखने की अवज्ञा या उपेक्षा बड़े सहज रूप से की जा रही थी। यह उपेक्षा फार्म 'एफ' के संधारण न करने से संबंधित थी। आनुवांशिक केंद्रों/सोनोग्राफी केंद्रों द्वारा गर्भवती महिलाओं के संबंध में प्रारूप 'एफ' का भरना धारा 4 (3) नियम 9 (4) और नियम 10 (1ए) के अंतर्गत अनिवार्य है।

इस प्रारूप के माध्यम से निम्नांकित अत्यावश्यक जानकारी प्राप्त की जा सकती है—

- बच्चों की संख्या तथा प्रत्येक बच्चे का लिंग
- गर्भावस्था के दौरान की गई सोनोग्राफी जाँच का उद्देश्य
- सोनोग्राफी का परिणाम—यदि कोई असमानता पाई गई हो तो उसका उल्लेख
- क्या गर्भ के चिकित्सकीय समापन का परामर्श दिया गया/किया गया? गर्भ का चिकित्सकीय समापन किए जाने की तारीख
- सोनोग्राफी करते समय चिकित्सक की इस आशय की घोषणा कि उसने किसी को भी, किसी भी भाँति भ्रूण के लिंग की जानकारी नहीं दी है, और न ही भ्रूण की लिंग जाँच की है
- गर्भवती महिला की इस आशय की घोषणा कि वह सोनोग्राफी के द्वारा भ्रूण के लिंग के संबंध में कोई जानकारी प्राप्त नहीं करना चाहती

प्रारूप 'एफ' के अंतर्गत जानकारी इकट्ठा करने का उद्देश्य यह है कि सोनोग्राफी कराये गए प्रकरणों की जाँच शिशु के जन्मकाल तक हो और केंद्रवार जन्म के समय का लिंग अनुपात ज्ञात किया जा सके। इससे यह भी ज्ञात हो सकेगा कि (1) कितने गर्भपात किए गए और (2) कितने प्रकरणों के संबंध में जानकारी नहीं मिल सकी। गर्भपात तथा प्रसूति की संख्या अंकेक्षित मानकों के अनुरूप होनी चाहिए।

सभी सोनोग्राफी परीक्षण जो मध्य गर्भावस्था में किए गए उनमें आगामी छह माह में या तो गर्भपात होगा या बच्चे का जन्म होगा। इन महिलाओं को तलाशा जा सकता है। कुछ देशांतर गमन आदि के कारण संभवतः न मिल सकें। असत्य या गलत पतों या देशांतर गमन के स्वीकृत स्तर के बाद भी अंकेक्षण किए गए नमूनों में जन्म के समय लिंग अनुपात का अध्ययन किया जा सकता है और यदि किन्हीं आँकड़ों को या संख्या को अनुपात के प्रतिकूल पाया जाए तो दोषी को पकड़ा जा सकता है।

इन दस्तावेजों के अंकेक्षण के दौरान जो अन्य अनियमितताएँ पाई गईं, वे निम्नानुसार थीं—

(अ) गर्भवती महिला का अपूर्ण नाम व पता

(ब) अपूर्ण रेफरल टीप/केस पेपर आदि

(स) अंतिम मासिक धर्म की तारीख/गर्भावस्था के सप्ताह का न लिखा होना

(द) जन सूचना के आदेश की अवहेलना

कुछ केंद्रों में तो मूलभूत दस्तावेजों का रखरखाव भी नहीं किया जा रहा था। एक केंद्र तो दो अलग-अलग स्थानों पर एक ही पंजीकरण पर दो मशीनें चला रहा था।

दस्तावेजों के प्रारंभिक सूक्ष्म निरीक्षण के उपरांत समुचित प्राधिकारी एवं मुख्य चिकित्सा एवं स्वास्थ्य अधिकारी ने पाँच क्लीनिकों को धारा 20 (1) के अंतर्गत कारण बताओ नोटिस जारी किए कि क्यों न उनका पंजीकरण, नोटिस में उल्लिखित कारणों से निलंबित या निरस्त कर दिया जाए। धारा 20 (3) में प्रावधान है कि समुचित प्राधिकारी की राय में यदि यह आवश्यक है कि लोक हित में ऐसा करना अनिवार्य है तो वह कारणों को लिपिबद्ध करते हुए किसी भी केंद्र का पंजीकरण उपधारा (1) में निर्दिष्ट सूचना पत्र को जारी किए बिना निलंबित कर सकता है। चार लायसेंस इस धारा के अंतर्गत तत्काल प्रभाव से निलंबित कर दिए गए तथा अंत में सात पंजीकरण निरस्त किए गए।

जो केंद्र एक ही पंजीकरण पर दो अलग-अलग स्थानों पर मशीनें चला रहा था, उसके विरुद्ध मुख्य न्यायिक दंडाधिकारी के समक्ष पी.सी. एंड पी. एन.डी.टी. एक्ट की धारा 3(1), 3(3), 4(3), 18(1), 29 और नियम 9(4) और 9(6) के उल्लंघन के लिए प्रकरण प्रस्तुत किया गया।

इन केंद्रों से प्राप्त आँकड़ों को भविष्य के चिकित्सकीय अंकेक्षण के लिए कंप्यूटरीकृत किया गया। इन केंद्रों पर की गई कार्यवाही विभिन्न संबंधित एवं प्रासंगिक लोगों को अधिनियम से संसूचित करने तथा सामान्य समाज में इस संबंध में वातावरण निर्मित करने के लिए एक प्रभावी उपकरण सिद्ध हुई।

इसके बाद यह प्रयास किया गया कि प्रासंगिक आँकड़ों को संपुष्ट किया जाए जिससे मैदानी स्तर पर निगरानी में सुधार हो सके। इससे लिंग अनुपात के पूर्व में अनुमानित आँकड़ों से समृद्ध यह कार्य और अधिक केंद्रित हो जाएगा तथा संसाधनों को दक्षतापूर्वक संवेदनशील स्थानों पर केंद्रित किया जा सकेगा।

महिला एवं बाल विकास विभाग द्वारा संचालित 'बाल संजीवनी अभियान' ने जन्म से पाँच वर्ष तक की आयु की आबादी के लिंगानुपात को अंकित करने का अवसर प्रदान किया। विपरीत लिंगानुपात की ग्रामवार जानकारी इकट्ठा की गई तथा उनका चित्रांकन किया गया जिसमें वर्ष 2001 की जनगणना के आधार पर सामान्य जनसंख्या का लिंगानुपात, जन्म से 6 वर्ष की आयु का शिशु लिंगानुपात और वर्ष 2005 में 'बाल संजीवनी अभियान' में प्राप्त जानकारी का नामांकन दर्शाया गया था जिसमें निरंतर गिरते लिंगानुपात की प्रवृत्ति सामने आ रही थी।

इससे पहले कि इन आँकड़ों का उपयोग समस्याग्रस्त स्थलों की पहचान करने और क्षेत्र विशेष या समुदाय विशेष की रणनीति बनाने के लिए होता, मेरा जिले से स्थानांतरण हो गया। प्रारंभिक रूप से जो आँकड़े एकत्रित किए गए उनसे यह निष्कर्ष निकालना आसान था कि विपरीत लिंगानुपात की प्रवृत्ति उच्च जाति की आबादी वाले क्षेत्रों और शिक्षित तथा आर्थिक रूप से संपन्न आबादी वाले क्षेत्रों में अधिक थी। सोनोग्राफी सुविधा की उपलब्धता, जिला मुख्यालय से सामीप्य तथा पड़ोस के जिले में बेहतर सुविधाओं की उपलब्धता आदि भी जिले में विपरीत लिंग अनुपात के लिए अपना योगदान देने वाले प्रमुख कारण थे। इसके विपरीत, एक विकास खंड विशेष रूप से अपवाद स्वरूप उल्लेखनीय है। वहाँ स्वस्थ लिंग अनुपात अंकित किया गया क्योंकि यह दूरस्थ एवं बिखरे हुए आदिवासी गाँवों का विकास खंड था।

जैसा कि पीछे उल्लेख किया जा चुका है, जिला समुचित प्राधिकारी ने सात लाइसेंस निरस्त किए थे। दो लाइसेंस फरवरी 2005 में निरस्त किए

गए थे और तीन लाइसेंस मार्च 2005 में तथा शेष दो अप्रैल 2005 में निरस्त किए गए।

अधिनियम के नियम 19(2) के अंतर्गत प्रावधान है कि तीस दिन की अवधि के भीतर इस आदेश के विरुद्ध राज्य स्तरीय अपीली प्राधिकारी के समक्ष अपील प्रस्तुत की जा सकती है। यदि उपनियम (2) में निर्धारित अवधि के दौरान अपील नहीं की गई तो समुचित प्राधिकारी इस विलंब को केवल तभी माफ कर सकता है जब वह इस बात से संतुष्ट हो कि अपील न कर पाने के लिए अपीलकर्ता द्वारा बताया गया कारण पर्याप्त तथा संतोषजनक है।

सभी सातों अपीलें एक ही साथ माह जून 2005 में की गईं। तब तक अपील के लिए निर्धारित अवधि को गुजरे काफी समय हो चुका था। अपीली प्राधिकारी ने सभी सातों प्रकरणों में विलंब को माफ कर दिया, बिना इस बात का उल्लेख किए कि अपीलकर्ता द्वारा निर्धारित समय के भीतर अपील न कर पाने का संतोषजनक कारण क्या था?

सभी सातों प्रकरणों पर एक ही तिथि 10 जून 2005 को फैसला सुनाया गया। सभी प्रकरणों में अपील स्वीकार कर जिला समुचित प्राधिकारी के आदेश को निरस्त कर दिया गया और सभी प्रकरणों में अपील स्वीकार करने के समान आधार दिए गए, जबकि सभी प्रकरणों में आधार और गुणदोष अलग-अलग थे। सभी प्रकरणों में प्रतिवादी द्वारा यह तर्क दिया गया कि वे केंद्र केवल अल्ट्रासाउंड जाँच करते थे, उन्होंने कोई गर्भावस्था परीक्षण या गर्भ समापन नहीं किया, जबकि प्रकरण का वास्तविक तथ्य यह था कि अधिकांश केंद्र जिनके पंजीकरण निरस्त किए गए थे, नर्सिंग होम थे, जो कि स्त्री रोग विशेषज्ञों द्वारा चलाये जा रहे थे। ये केंद्र मुख्य चिकित्सा एवं स्वास्थ्य अधिकारी को गर्भावस्था के चिकित्सकीय समापन की जानकारी भी भेजते रहते थे।

अधिनियम की धारा 29 तथा नियम 9 के अनुसार सभी पंजीकृत इकाइयों को गर्भावस्था से संबंधित परीक्षणों का समस्त रिकॉर्ड संधारित करना होता है। चूँकि इन रिकॉर्ड्स का बाद में सूक्ष्म निरीक्षण, अन्वेषण हो सकता है, इसलिए अपूर्ण रिकॉर्ड प्रस्तुत करना या उसे प्रस्तुत न करना भी एक अपराध है।

उचित रिकॉर्ड रखने के दोहरे लाभ हैं। केंद्र, क्लीनिक या प्रयोगशाला

की दृष्टि से यदि कोई शिकायत उनके विरुद्ध आती है तो रिकॉर्ड की मदद से यह सिद्ध किया जा सकता है कि उनका कार्य कानून और नियमों के अनुरूप है। इसी प्रकार क्रियान्वयन प्राधिकारी की दृष्टि से यह तथ्य प्रमाणीकरण हो सकता है कि उचित रिकॉर्ड नहीं रखा गया या फिर किन्हीं मामलों में कोई रिकॉर्ड नहीं रखा गया है।

अपीली प्राधिकारी ने यह स्वीकार करते हुए कि इन केंद्रों द्वारा प्रारूप 'एफ' का संधारण नहीं किया गया, और पिछले दो वर्षों का रिकॉर्ड भी नहीं रखा गया, यह मत प्रकट किया कि "यद्यपि उक्त अधिनियम की धारा 4(3) एवं नियम 9 के अंतर्गत रखे जाने वाले समस्त दस्तावेजों को संधारित किए जाने का कोई स्पष्ट प्रमाण नहीं है किंतु यह कोई ऐसी घोर अनियमितता नहीं है जिसके कारण अपीलार्थी के क्लिनिक का पी.एन.डी.टी. एक्ट 1994 के अंतर्गत किए गए पंजीकरण को निरस्त कर उसकी अल्ट्रासाउंड मशीन जब्त कर ली जाए।"

यहाँ उल्लेखनीय है कि पंजीकरण हेतु आवेदन प्रस्तुत करते समय केंद्र का मालिक इस आशय की घोषणा करता है कि "मैंने पी.सी. एंड पी.एन. डी.टी. अधिनियम एवं नियमों का अध्ययन किया है व उसे समझ गया हूँ। मैं शपथ लेता हूँ कि मैं अपने क्लीनिक के सभी कर्मचारियों को अधिनियम एवं नियमों से अवगत करा दूँगा तथा मैं सुनिश्चित करूँगा कि अधिनियम और नियम का पूर्णतः पालन हो।"

जैसा कि पीछे कहा जा चुका है, सातों प्रकरणों के फैसले हूबहू एक ही भाषा में लिखे गए, जबकि प्रत्येक प्रकरण का आधार और औचित्य अलग-अलग था तथा प्रत्येक प्रकरण में बयान की गई शिकायत भी अलग-अलग थी और उसी के अनुसार आवश्यक न्याय भी। सभी सातों प्रकरणों में राज्य समुचित प्राधिकारी ने धारा 20(1) तथा धारा 20(2) के अंतर्गत अनुपालन नहीं करने का संज्ञान लिया जो कि पंजीकरण के निरस्त करने तथा निलंबन से संबंधित है। जबकि यह रिकॉर्ड पर था कि संबधित केंद्रों को कारण बताओ नोटिस जारी किए गए थे और उनके जवाब भी मिल चुके थे। जवाब संतोषजनक नहीं थे इसलिए पंजीकरण निरस्त किए गए थे। चार पंजीकरण अधिनियम की धारा 20(3) के अंतर्गत निलंबित किए गए थे जिनका कोई भी उल्लेख फैसले में नहीं था। उक्त धारा में लिखा है कि "यदि समुचित प्राधिकारी की राय में यह आवश्यक है कि

लोक हित में ऐसा किया जाना अनिवार्य है तो वह कारणों को लिपिबद्ध करते हुए किसी भी केंद्र का पंजीकरण धारा (1) में निर्दिष्ट सूचना पत्र को जारी किए बिना निलंबित कर सकता है।"

इसके आगे फैसले में सलाहकार समिति के गठन के संबंध में विपरीत टिप्पणी की गई है और साथ ही इसी फैसले में लायसेंसों को पुनर्स्थापित करने का कारण जिला स्तरीय सलाहकार समिति से अनुशंसा प्राप्त न होना तथा उससे परामर्श न किया जाना बताया गया है। इससे एक हास्यास्पद स्थिति पैदा हुई और पूरे प्रकरण को जिस तरीके से निपटाया गया, वह एक अटपटा तरीका था, जबकि यह प्रकरण बड़े संवेदनशील तथा राष्ट्रीय महत्त्व के मुद्दे से संबंधित था।

राज्य अपीली प्राधिकारी ने यह मत भी प्रकट किया कि जिला मुख्य चिकित्सा एवं स्वास्थ्य अधिकारी निम्नांकित साक्ष्य प्रस्तुत करने में असफल रहे—

1. जिला सलाहकार समिति का रिकॉर्ड
2. क्या अपीलार्थी की क्लिनिक का आकस्मिक निरीक्षण किया गया?
3. आकस्मिक निरीक्षण दल के सदस्य कौन-कौन थे?
4. कौन से दस्तावेज जब्त किए गए?
5. ऐसे कौन से दस्तावेज नहीं पाए गए, जिनके आधार पर यह कहा जा सके कि अपीलार्थी ने अधिनियम के प्रावधानों का उल्लंघन किया था?

राज्य अपीली प्राधिकारी (जिसके अध्यक्ष संचालक, लोक स्वास्थ्य होते हैं जो राज्य में अधिनियम के उचित क्रियान्वयन के लिए उत्तरदायी हैं) का यह मत कि 'मुख्य चिकित्सा एवं स्वास्थ्य अधिकारी ने ऊपर लिखित दस्तावेज या प्रकरण से संबंधित रिपोर्ट उपलब्ध नहीं कराई' समझ पाना बड़ा कठिन है, क्योंकि मुख्य चिकित्सा एवं स्वास्थ्य अधिकारी राज्य के संचालक, लोक स्वास्थ्य के सीधे प्रशासकीय नियंत्रण में कार्य करते हैं। अतः यह प्रश्न भी उठता है कि यदि ये सब दस्तावेज उपलब्ध नहीं कराए गए थे तो फिर राज्य अपीली प्राधिकारी इन सब जानकारियों के अभाव में बिना तथ्यों की गहराई में जाए किस प्रकार अपीलकर्ता के पक्ष में फैसला करने की स्थिति में पहुँच सके?

राज्य अपीली प्राधिकारी के इस निर्णय से व्यथित होकर मुरैना की स्वयंसेवी संस्थाओं 'प्रयत्न' एवं 'धरती ग्राम उत्थान' ने मध्यप्रदेश उच्च न्यायालय की ग्वालियर बेंच में एक जनहित याचिका दायर की जो कि आज तक न्यायालय में विचाराधीन है।

इस अध्याय का उद्देश्य जागरूकता के लिए एक मंच बनाना है। यह राष्ट्र एक ज्वालामुखी पर बैठा है। विपरीत मानवीय असंतुलन और सामाजिक कानूनी पहलू हमेशा की भाँति ही नकारात्मक रूप से परिपुष्ट है। चिंता का कारण यह है कि जो लोग शीर्ष पर बैठे हैं, वे परिस्थितियों को सही परिप्रेक्ष्य में नहीं देख रहे हैं। वे पर्याप्त रूप से संवेदनशील नहीं हैं।

**सवाल यह उठता है कि क्या हम इस क्षेत्र में भी भूमिका निर्वहन में असफल हो जाएँगे**?

❐

राजस्थान में किया गया एक अनूठा प्रयास

# राजस्थान में किया गया एक अनूठा प्रयास

राजस्थान भारत का सबसे बड़ा राज्य है। राजस्थान सारी दुनिया में अद्वितीय अपनी शानदार सांस्कृतिक धरोहर, किलों-महलों, संपन्न पौराणिक लोकरीति, नृत्य, संगीत, लय, रंग, वस्त्र तथा हस्तकला की संपदा के लिए विख्यात है। लेकिन दुर्भाग्य से यहाँ सामंती मानसिकता की जड़ें भी बहुत गहरी हैं। यहाँ सामंती प्रवृत्ति परोक्ष रूप में लिंग भेद और महिला उत्पीड़न से ही प्रतिलक्षित नहीं होती बल्कि उसका वास्तविक प्रतिबिंबन गिरते हुए शिशु लिंगानुपात से भी होता है। शिशु लिंगानुपात एक ऐसा मजबूत सूचक है जिससे बालिकाओं के प्रति समाज के रवैये का भी परीक्षण हो सकता है। यद्यपि राजस्थान में कुल लिंगानुपात में कुछ वृद्धि हुई है, परंतु जन्म से 6 वर्ष की आयु वर्ग का शिशु लिंग अनुपात अभी भी चौंकाने वाला अर्थात् सिर्फ 909 है। ग्रामीण क्षेत्रों में यह 914 तथा नगरीय क्षेत्रों में मात्र 886 है।

राजस्थान में शिशु लिंगानुपात वर्ष 1991 के 916 से 2001 में 909 तक गिर गया। वर्ष 2001 की जनगणना में राजस्थान के 32 जिलों में से 20 जिलों में शिशु लिंगानुपात में गिरावट आई। 10 जिलों में शिशु लिंगानुपात 900 या उससे भी कम हो गया। गंगानगर में सबसे अधिक गिरावट आई जहाँ यह 850 हो गया। उसके बाद अधिक गिरावट वाले जिलों में झुन्झनू, जयपुर, अलवर और चित्तौड़गढ़

हैं। चार जिलों धौलपुर, गंगानगर, जैसलमेर और सीकर के सभी विकास खंडों में शिशु लिंगानुपात 900 से कम था।

कुछ परिवारों में पुत्रियों को न चाहने की परिस्थितियाँ अनुचित, अन्यायपूर्ण तथा अशुभ हैं। या तो उन्हें जन्म ही लेने नहीं दिया जाता या फिर बचपन से अधिक जीवित नहीं रहने दिया जाता। कुछ समुदायों में यह प्रवृत्ति दूसरों की अपेक्षा अधिक संगीन है। इन समुदायों में प्रचलित बहुत से रीतिरिवाज, विशेषकर दहेज प्रथा एवं पितृसत्तात्मक अहंकार के संयोजन से लड़कियों के लिए उपजे विकल्पों से यह स्थितियां उत्पन्न हुई हैं। सिखों में शिशु लिंग अनुपात प्रति 1000 लड़कों पर 786 लड़कियों का है। जैन समाज की स्थिति भी यही है जहाँ 870 लड़कियाँ प्रति 1000 लड़कों का अनुपात है। हिंदुओं में समग्र भारत का अंक प्रति 1000 लड़कों पर 925 लड़कियों का है, लेकिन कुछ विशिष्ट भौगोलिक क्षेत्रों में हिंदू आबादी में शिशु लिंगानुपात 850 लड़कियों से भी नीचे गिर गया है। हालाँकि समुदाय आधारित यह विभाजन तेजी से धुँधला हो रहा है क्योंकि पुत्र की वरीयता की प्रवृत्ति तेजी से सारे देश में फैल रही है।

ऐसा प्रतीत होता है कि कन्या भ्रूण को समाप्त करने की सोच को समाज ने स्वीकार कर लिया है। उसे न तो अवैधानिक माना जाता है और न ही नैतिक रूप से अनुचित। इसे निजी आधिपत्य का क्षेत्र ही माना जा रहा है और इसे पति-पत्नी की पसंद के अधिकार की शक्ल में व्यक्तिगत निर्णय का जामा पहनाया जा रहा है। समाज में प्रचलित यह असंतुलन न केवल मानवता पर कलंक है, बल्कि इसका उन समुदायों के सामाजिक और मनावैज्ञानिक कार्यकलापों पर भी दुःखद प्रभाव होगा जहाँ इस अपराध को इतनी सहज स्वीकृति प्राप्त हो गई है।

राजस्थान में ऐसे बहुत से समुदाय हैं (जैन, जाट, सिख, राजपूत, गूजर आदि) जिनके निर्वाचित प्रशासकीय निकाय वाले संगठन हैं जो कि समुदाय के हितों की देखरेख करते हैं, चौकसी करते हैं। ये संगठन समाज पर अपना आधिपत्य रखते हैं। ऐसा माना जाता है कि ये उस समाज की विपुल सामाजिक संरचना में अपनी उपस्थिति दिखाते हुए उनकी आवाज को एक सामाजिक आधार प्रदान करते हैं। इन संगठनों के प्रतिनिधि समाज में नीति-नियम बनाने का अधिकार रखते हैं जिन्हें उस समाज विशेष के सदस्य स्वीकार करते हैं और उनका पालन भी करते हैं।

उपरोक्त कारणों से यह महसूस किया गया कि समाज के ये अग्रणी या अगुवाई करने वाले लोग बालिका की प्रतिष्ठा स्थापित करने में सहयोगी वाहक की भाँति कार्य कर सकेंगे और समाज के तौर-तरीकों में, उसके रवैये में परिवर्तन की पहल करने के लिए उत्प्रेरक की भूमिका अदा कर सकेंगे।

राजस्थान विश्वविद्यालय महिला संघ (रूवा) ने अपने स्थापना वर्ष 1975 से ही राजस्थान के महिला आंदोलन में अपनी सक्रियता, विचारधारा और दीर्घकालीन हस्तक्षेप से महत्त्वपूर्ण भूमिका अदा की है। अपनी विभिन्न गतिविधियों द्वारा रूवा उत्पीड़ित महिलाओं की सहायता करती है तथा इस संगठन ने महिला सशक्तीकरण में महत्त्वपूर्ण योगदान किया है। इस संस्था का विस्तृत जाल है जिसमें विभिन्न स्वयंसेवी संगठन, अकादमीशियन, शोधार्थी तथा एक्टिविस्ट लोग शामिल हैं।

आई.एफ.ई.एस. इंडिया भारत में एक जेंडर आधारित एवं कानूनी संबंधी परियोजना क्रियान्वित कर रही है। वर्तमान में यह संगठन राजस्थान में बालिका प्रतिष्ठा पर एक कार्यक्रम संचालित कर रहा है जिसमें विपरीत लिंगानुपात और लिंग परीक्षण आधारित गर्भपात की रोकथाम पर विशेष जोर दिया जा रहा है। इस विषय से संबंधित मुद्दों पर गहरी समझ विकसित करने के आशय से केंद्रित शोध गतिविधियों के अतिरिक्त आई.एफ.ई.एस. विपरीत लिंग अनुपात एवं कन्या भ्रूण हत्या की समस्या के समाधान के लिए एडवोकेसी करने, जागरूकता पैदा करने एवं सामुदायिक दखल जैसे कार्यों में भी संलग्न है।

ये दोनों संगठन कतिपय समुदायों के अग्रणी लोगों, नेताओं को जागरूक करने के लिए एक-दूसरे का सहयोग कर रहे हैं ताकि समुदाय के इन प्रतिनिधियों को समस्या पर उद्देश्यपूर्ण, प्रभावी एवं तुरंत कार्यवाही करने के लिए प्रेरित किया जा सके।

इनके द्वारा संचालित गतितिधि के उद्देश्य निम्नानुसार हैं—

- समुदाय के नेतृत्व को वर्तमान में प्रचलित लिंग चयन तथा लिंग चयन आधारित गर्भपात की प्रवृत्ति और उससे देश व राज्यों में तेजी से घट रहे लिंगानुपात के प्रति जागरूक करना
- समुदाय के नेतृत्व की क्षमता निर्मित करना ताकि वे उत्प्रेरक की भाँति अपने समुदाय में इस विषय पर व्यावहारिक परिवर्तन ला सकें

- सामुदायिक नेतृत्व के लिंग संबंधी परिप्रेक्ष्य को उभारना ताकि बालिका प्रतिष्ठा के प्रश्न पर भी समुदाय के अन्य विषयों के साथ संवाद स्थापित कर तालमेल बिठाया जा सके
- ऐसे सहयोगियों की पहचान करना जो आगामी हस्तक्षेप कर सकें

राजस्थान विश्वविद्यालय महिला संघ ने आई.एफ.ई.एस. के साथ मिल कर सामाजिक परिवर्तन हेतु एक एजेन्सी की भूमिका अदा की और समाज की अगुआई करने वाले लगभग 180 लोगों को इकट्ठा किया। इसमें प्रत्येक समुदाय से 30 व्यक्तियों की पहचान की गई (जैसे जैन, राजपूत, जाट, ब्राह्मण, सिख और माहेश्वरी) तथा उन्हें विपरीत लिंगानुपात तथा कन्या भ्रूण हत्या से संबंधित सामाजिक एवं कानूनी पहलुओं पर संवेदनशील करने के लिए कार्यशालाओं की एक शृंखला आयोजित की गई। मैंने इनमें से कुछ कार्यशालाओं में भाग लिया है।

ये कार्यशालाएँ समाज को प्रभावित करने की क्षमता रखने वाले लोगों के साथ परस्पर संवाद के रूप में आयोजित की गईं। वैसा ही परिसंवाद पुनः 8 से 10 सप्ताहों के उपरांत उसी समूह के साथ रखा गया ताकि उन समूहों द्वारा की गई कार्यवाही के अनुभव बाँटे जा सकें, बाधाओं एवं उनसे सीखे सबक पर चर्चा हो सके।

इन कार्यशालाओं से समुदाय के नेतृत्व को एक महत्त्वपूर्ण अनुभूति यह हुई कि वे अपने ही समुदाय के परिवर्तनकर्ता बन सकते हैं, प्रवर्तक बन सकते हैं। उन्होंने प्रतिबद्धता व्यक्त की कि वे अपने योगदान से समाज में एक स्तर पर जागरूकता लाने के प्रयास करेंगे और दूसरे स्तर पर वे अपने व्यक्तिगत जीवन में भी विपरीत लिंगानुपात, बालिका प्रतिष्ठा तथा लिंग चयन आधारित गर्भपात आदि विषयों के समाधान के लिए गंभीरतापूर्वक जीवनपर्यंत कार्य करते रहेंगे।

इनमें से कुछ लोगों ने विभिन्न माध्यमों से संदेश प्रसारित करने के अपने प्रयास प्रारंभ कर दिए हैं। वे महत्त्वपूर्ण प्रासंगिक व्यक्तियों की भाँति उभर कर सामने आए हैं। उन्होंने दायित्व ग्रहण किया है कि वे समाज में संवेदनशीलता एवं जागृति पैदा करेंगे। वे अपने प्रयासों व स्वयं को उदाहरण स्वरूप प्रस्तुत करेंगे, समाज के मापदंडों का पुनरीक्षण करेंगे ताकि विवाह आदि आयोजनों में आडंबर और दहेज आदि बुराइयों को कम किया जा सके। इसके लिए वे निगरानी समूह आदि भी गठित करेंगे। अभी हाल ही

में श्री अखिल भारतीय तेरापंथी महिला मंडल द्वारा जयपुर में समस्त राजस्थान की महिला प्रतिनिधियों को आचार्य मुनियों के सान्निध्य एवं मार्गदर्शन में इस विषय पर आयोजित 'पुकार' सेमीनार में संवेदनशील करने का सफल प्रयास किया। इसके परिणामस्वरूप हजारों की संख्या में उपस्थित प्रतिनिधियों ने कन्या भ्रूण हत्या के विरुद्ध अलख जगाने के लिए किए जा रहे प्रयासों में स्वयं को निष्ठापूर्वक समर्पित करने का संकल्प लिया। साथ ही यह संकल्प भी लिया कि अपने समाज में बेटी व बेटे को समान अधिकार, प्यार-दुलार, सम्मान एवं समुचित अवसर देंगे। संयुक्त राष्ट्र जनसंख्या कोष, आई.एफ.ई.एस. अखिल भारतीय तेरापंथी महिला मंडल, रूवा एवं राजस्थान सरकार के संयुक्त प्रयासों से आयोजित इस संकल्प में अन्य समाजों यथा सिख, मुस्लिम, राजपूत आदि के प्रतिनिधियों ने भी भाग लेकर समाज में लिंग परीक्षण एवं कन्या भ्रूण हत्या को कम करने के संकल्प रूपी यज्ञ में अपनी आहुति इन शब्दों में दी—

**"संगीन जुर्म है, आँखें खोलो।**
**जहाँ भी हो, विरोध में बोलो।।"**

यही प्रक्रिया सभी 32 जिलों तथा 272 विकास खंड मुख्यालयों में भी अपनाये जाने की योजना है जहाँ विभिन्न जाति पंचायतों के अगुवाओं को भी जागरूक किया जाएगा, प्रशिक्षित किया जाएगा। इन्हें लिंग चयन आधारित बालिका भ्रूण हत्या के संबंध में जानकारी प्रदान की जाएगी।

यह पहल विपरीत लिंग अनुपात तथा कन्या भ्रूण हत्या जैसी कुप्रवृत्तियों से लड़ने के लिए आवश्यक एक मजबूत समुदाय आधारित प्रतिक्रिया का वादा करती है एवं आवश्यक बहुआयामी प्रयासों जिनमें कानूनी ढाँचे को मजबूत करना एवं सामाजिक जागरूकता पैदा करना सम्मिलित है, की शृंखला में एक महत्त्वपूर्ण कड़ी है। बाद में उल्लिखित प्रयास अजन्मी बालिका के विरुद्ध अन्याय की जाँच-पड़ताल की प्रक्रिया की शुरुआत करने की दृष्टि से महत्त्वपूर्ण है एवं साथ ही सदियों से समाज में गहराई से पैठ कर चुकी बालिका-विरोधी मानसिकता को परिवर्तित करने में भूमिका अदा करेंगे।

**राजस्थान में किए जा रहे इस अनूठे प्रयास को शत-शत नमन!**

❐

शिवपुरी का सच

# शिवपुरी का सच

हाल ही के कुछ वर्षों में मध्यप्रदेश का शिवपुरी जिला राष्ट्रीय मीडिया में या तो दुर्दांत डकैत रामबाबू गडरिया गिरोह के आतंक के कारण खबरों में रहा है, या फिर अवैध उत्खनन के क्षेत्र के रूप में चर्चित रहा है। यदा-कदा इस जिले का ज़िक्र कुपोषण की व्यापक समस्या के क्षेत्र के रूप में भी होता है लेकिन विपरीत लिंग अनुपात वाले जिले के रूप में इसकी कोई अलग से पहचान नहीं है। सच यह है कि इसकी गिनती कन्या भ्रूण हत्या की समस्या के लिए बदनाम ग्वालियर-चंबल संभाग के एक जिले के रूप में ही होती है।

इससे पहले कि शिवपुरी जिले में हाल ही में लिंग परीक्षण आधारित गर्भपात को उजागर करने के लिए की गई एक महत्त्वपूर्ण एवं कठिन कार्यवाही का सिलसिलेवार बयान किया जाए, एक नजर इस जिले के लिंग अनुपात पर डालना प्रासंगिक होगा।

सन् 2001 की जनगणना के अनुसार शिवपुरी जिला मध्यप्रदेश के उन 14 जिलों में शुमार है जहाँ लिंग अनुपात 900 से कम है। शिवपुरी जिले का लिंग अनुपात 858 महिलाएँ/1000 पुरुषों का है एवं यहाँ शिशु लिंग अनुपात 904 बालिकाएँ/1000 बालकों का है। यदि इन आँकड़ों को सूक्ष्म स्तर पर देखा जाए तो यह स्पष्ट होगा कि 34 प्रतिशत गाँवों में शिशु लिंग अनुपात 850 से कम है। यह उस जिले का अनुपात है जहाँ एक ओर सहरिया आदिवासी बहुतायत में रहते हैं, वहीं दूसरी ओर यह जिला पंजाब से पिछले कुछ दशकों में

आकर स्थायी रूप से बसे सिख समुदाय की एक बहुत बड़ी जनसंख्या का प्रतिनिधित्व भी करता है। एक ओर जहाँ यह जिला घने जंगलों में बसे आदिवासी, गुर्जर एवं गड़रिया समाज के लोगों का प्रतिनिधित्व करता है, वहीं दूसरी ओर जैन, ब्राह्मण, राजपूत आदि संपन्न समाजों और उनकी ग्वालियर एवं झाँसी जैसे पड़ोसी जिलों पर अपनी आवश्यकताओं की पूर्ति के लिए आसान पहुँच भी यहाँ के सामाजिक समीकरणों को परिवर्तित कर सकने में सक्षम होती है।

जिले में कन्या भ्रूण हत्या के विरुद्ध अब तक संगठित रूप से आवाज न उठने के मूल कारणों में मीडिया, प्रशासन एवं स्वयंसेवी संगठनों के साथ-साथ राजनीतिक नेतृत्व द्वारा समस्या को गहराई तक आत्मसात न कर पाना, इन सभी वर्गों में आपसी तालमेल का अभाव, डकैत समस्या, अवैध उत्खनन एवं अन्य सामाजिक समस्याओं की पृष्ठभूमि में इस समस्या को नजरअंदाज किया जाना प्रमुख है। हालाँकि शकुंतला परमार्थ समिति की शैला अग्रवाल, रेडक्रास एवं अन्य सक्रिय व्यक्तियों के प्रयासों एवं दबाव में प्रशासन द्वारा वर्ष 2005 में कार्यवाही कर 2 चिकित्सकों के पंजीकरण निरस्त किए गए थे। लेकिन वे भी मुरैना के चिकित्सकों की भाँति राज्य अपीली प्राधिकारी से अपने पंजीकरण बहाल करवा कर पुनः सक्रिय हो गए। इस पूरे घटनाक्रम को अतीत की बात मानकर, एक समय विशेष पर प्रशासन द्वारा की गई कार्यवाही मानकर भुला दिया गया। इससे समाज के दृष्टिकोण में व्यापक परिवर्तन हुआ हो अथवा इसके दुष्परिणामों के प्रति कभी चिंतन हुआ हो, ऐसा नहीं कहा जा सकता। लिंग परीक्षण आधारित कन्या भ्रूण हत्या की मनोवृत्ति जिले में विद्यमान थी, जिले का चिकित्सक वर्ग छुपे रूप से ही सही लेकिन अपनी सेवाएँ इस घृणित कार्य को अंजाम देने में देता था और आसपास के बड़े जिलों—ग्वालियर एवं झाँसी—में ये सुविधाएँ 'जब आओ, सेवा पाओ' की तर्ज पर खुलेआम उपलब्ध थीं। स्वयंसेवी संगठन पहले की कार्यवाही के अंजाम से उबर नहीं पाए थे और मीडिया पहले की भाँति इस मुद्दे पर 'अनजान' बना हुआ था। ऐसी पृष्ठभूमि में प्रशासन के मुखिया की कमान सँभालने एवं इस क्षेत्र में कार्य करने के अनुभव एवं चाहत को देखते हुए, अपनाई जाने वाली रणनीति तैयार करने में समय अवश्य लगा, लेकिन देश में अपनी तरह का पहला विस्तृत सामाजिक एवं चिकित्सकीय अंकेक्षण संभव हो सका जिसके आधार

पर दो चिकित्सकों के विरुद्ध आपराधिक प्रकरण दर्ज कराए गए।

जिला प्रशासन ने सबसे पहले स्वयंसेवी संगठनों, सलाहकार समिति के सदस्यों, विभिन्न संबंधित शासकीय अधिकारियों, मीडिया आदि समाज के विभिन्न वर्गों तथा प्रभुत्वशाली व्यक्तियों के साथ कार्यशालाएँ आयोजित कीं। इन्हें विपरीत लिंग अनुपात की भयानक स्थिति एवं लिंग परीक्षण आधारित भ्रूण हत्या के व्यापक प्रसार की स्थिति से अवगत कराया गया ताकि न सिर्फ इस मुद्दे पर सामाजिक जागृति पैदा की जा सके बल्कि सभी वर्गों को आपस में मिलकर संगठित रूप से प्रयास करने के लिए प्रेरित भी किया जा सके, ताकि यह अभियान किसी भी आकस्मिकता की स्थिति में ठहर न जाए, खत्म न हो जाए।

इसी बीच मुरैना में राज्य अपीली प्राधिकारी के निर्णय से व्यथित होकर 'प्रयत्न' संस्था के लिए कार्य करने वाली आशा सिंह सिकरवार एवं 'धरती ग्राम उत्थान' के देवेन्द्र भदौरिया ने मध्यप्रदेश उच्च न्यायालय के ग्वालियर बेंच में एक जनहित याचिका दायर कर दी। इसमें माननीय उच्च न्यायालय द्वारा ग्वालियर बेंच के क्षेत्राधिकार में आने वाले सभी जिलों के कलेक्टरों और मुख्य चिकित्सा एवं स्वास्थ्य अधिकारियों को निर्देश दिया कि "जिले में कार्यरत सभी अल्ट्रासाउंड मशीनों के संबंध में सक्षम अधिकारी द्वारा सर्वेक्षण एवं निरीक्षण किया जाए। इसमें सभी नर्सिंग होम्स तथा ऐसे केंद्रों को शामिल किया जाए जहाँ अल्ट्रासाउंड मशीनें कार्यरत हैं, तथा जानकारी संकलित की जाए कि शासन तथा पी.एन.डी.टी. एक्ट के तहत निर्धारित सभी मापदंडों का समुचित प्रयोग किया जा रहा है अथवा नहीं? यह भी आदेशित किया गया कि "अल्ट्रासाउंट मशीनों के सहारे जन्म-पूर्व लिंग परीक्षण किए जाने के संबंध में जो प्रतिबंध लागू किए गए हैं, वे समुचित तौर पर लागू किए जा रहे हैं अथवा नहीं? ऐसा सर्वेक्षण जिला मुख्यालय के साथ-साथ जिले के उन सभी प्रमुख स्थानों पर करके उसकी रिपोर्ट न्यायालय के समक्ष प्रस्तुत की जाए जहाँ पर अल्ट्रासाउंड मशीनें प्रचलित हैं। यह भी बताया जाए कि जन्म-पूर्व भ्रूण के लिंग परीक्षण के संबंध में कानूनसम्मत प्रतिबंध निर्धारित करने में कलेक्टर तथा चिकित्सा विभाग का क्या परामर्श है तथा अल्ट्रासाउंड मशीनों का लिंग परीक्षण संबंधी दुरुपयोग रोकने के संबंध में समुचित कार्यवाही की जाए।"

माननीय उच्च न्यायालय के उपरोक्त आदेश ने जिले में हाल ही में

प्रारंभ किए गए प्रयासों को नई गति प्रदान की और जिला प्रशासन ने शिवपुरी शहर के घर-घर जाकर जन्म से छह वर्ष तक की आयु के बच्चों का सर्वेक्षण करने का निर्णय लिया। सर्वेक्षण में क्योंकि मानवशक्ति एवं समय के रूप में बहुत अधिक संसाधन व्यय हो रहे थे इसलिए शिशु लिंग अनुपात की गणना के इस कार्य को एक अन्य पवित्र उद्देश्य के साथ जोड़ा गया। शिवपुरी जिला कुपोषण की समस्या से भी ग्रस्त रहा है। ग्रामीण क्षेत्रों में तो आँगनवाड़ी केंद्रों के नेटवर्क के माध्यम से कुपोषित बच्चों की पहचान आसानी से की जा सकती है लेकिन शहरी क्षेत्रों में आँगनवाड़ी केंद्रों की सीमित संख्या होने से यह कार्य मुश्किल होता है। इसलिए ऐसी रणनीति बनाई गई कि पूरे शहर में घर-घर जाकर न सिर्फ कुपोषित बच्चों की पहचान की जाए बल्कि बच्चों के लिंग के आधार पर शिशु लिंग अनुपात की गणना भी की जाए। शहर में 39 वार्ड होने के कारण 4-4 सदस्यों वाले 39 दल बनाये गए जिनमें महिला एवं बाल विकास विभाग, स्वास्थ्य विभाग, नगरपालिका एवं राजस्व विभाग का एक-एक सदस्य सम्मिलित किया गया एवं इस दल ने घर-घर जाकर लगभग 19,500 बच्चों की पहचान की।

शिवपुरी शहर की 2001 की जनगणना के आधार पर जनसंख्या, पिछले छह वर्षों में जनसंख्या में हुई अनुमानित वृद्धि एवं इस आधार पर अनुमानित कुल जनसंख्या में जन्म से छह वर्ष की आयु वर्ष के अनुमानित प्रतिशत के आधार पर संभावित बच्चों की गणना करने पर यह निष्कर्ष निकाला गया कि शहर में जन्म से छह वर्ष आयु के लगभग 20,000-21,000 बच्चे होने चाहिए जबकि घर-घर सर्वेक्षण के आधार पर लगभग 19,500 बच्चों की पहचान ही की जा सकी थी।

ऐसी स्थिति में एक बार पुनः सर्वेक्षण कराने का निर्णय लिया गया जिससे कि यथासंभव अधिकतम बच्चों तक पहुँचा जा सके एवं उसके आधार पर शिशु लिंग अनुपात की गणना की जा सके। जिला प्रशासन के संबंधित अधिकारियों के साथ हुई बैठक में यह संभावना व्यक्त की गई कि छूटे हुए बच्चे उच्च वर्ग के परिवारों के हो सकते हैं। कुछ बच्चे शायद इसलिए भी छूट गए होंगे क्योंकि कुछ घर किस वार्ड में आते हैं, यह स्पष्ट नहीं था। बहरहाल पहले के सर्वेक्षण ने बहुत जानकारी तो उपलब्ध करा ही दी थी, अब सिर्फ इसे परिष्कृत किया जाना था। प्रयास किया जाना था कि यथासंभव अधिकतम बच्चों की गणना की जा सके और यह अवसर प्रदान

किया पल्स पोलियो अभियान ने। पुनः 39 दल बनाए गए। उन्हें सघन प्रशिक्षण दिया गया और उन्हें कुपोषण अभियान के माध्यम से पहले इकट्ठा किए गए आँकड़े उपलब्ध कराए गए। प्रशिक्षण में इस बात पर जोर दिया गया कि जन्म से छह वर्ष के बच्चों को इस सर्वेक्षण में शामिल किया जाना है। इन दलों की कड़ी मेहनत से अंततः 20,498 बच्चों की गणना हुई जो कि अपेक्षित संख्या के बहुत नजदीक थी। इस सर्वेक्षण ने जो आँकड़े दिए उन्हें कंप्यूटरीकृत किया गया एवं उन्हें वार्ड की सीमा में आने वाले परिवारों और वार्ड की अपेक्षित जनसंख्या के आधार पर भी मिलान कर संबंधित अधिकारियों की बैठक में रखा गया एवं यह निष्कर्ष निकला कि सर्वेक्षण दल यथासंभव सभी परिवारों तक पहुँचने में सफल रहा है। यहाँ यह जान लेना महत्त्वपूर्ण होगा कि शिवपुरी जैसे छोटे शहर, जिसमें अंततः 20,498 बच्चों की घर-घर जाकर गणना की गई, के सर्वेक्षण में लगभग एक माह का समय लगा और लगभग 200 अधिकारी/कर्मचारी यह कार्य कर पाए एवं हर स्तर पर इसकी प्रामाणिकता का भी परीक्षण किया गया।

यह जानकर अत्यंत पीड़ा होती है कि सर्वेक्षण में चिह्नित 20,498 बच्चों में से 11,103 बालक एवं मात्र 9,395 बालिकाएँ पाई गईं। इसका मतलब है कि शिवपुरी शहर में शिशु लिंग अनुपात 846 बालिकाएँ प्रति 1000 बालकों पर पाया गया। उल्लेखनीय है कि जनगणना 2001 के आँकड़ों के अनुसार शिवपुरी शहर में शिशु लिंग अनुपात 904 बालिकाएँ प्रति 1000 बालक का था।

सिर्फ छह वर्षों में इसमें 58 अंकों की गिरावट आई। जिला प्रशासन द्वारा दिसंबर 2005 से नवंबर 2006 तक की अवधि में विभिन्न शासकीय अस्पतालों में हुए संस्थागत प्रसवों की संख्या के आधार पर जन्म के समय लिंग अनुपात (एस.आर.बी.) की गणना भी की गई। इस अवधि में कुल 15,968 संस्थागत प्रसव विभिन्न शासकीय अस्पतालों में हुए जिनमें 8,269 बालक एवं 7,699 बालिकाओं का जन्म हुआ। इसके आधार पर जन्म के समय लिंग अनुपात (एस.आर.बी.) 931 बालिकाएँ प्रति 1000 बालक आता है। यहाँ यह उल्लेख करना आवश्यक है कि यह आँकड़ा सिर्फ शासकीय चिकित्सालयों में हुए प्रसवों के आधार पर निकला था। इसकी तुलना में नवंबर 2005 से अक्तूबर 2006 तक शिवपुरी शहर के 6 नर्सिंग होम्स में हुए जन्मों के आधार पर भी लिंगानुपात की गणना की गई, जिसमें

कुल 531 जन्मों में से 297 बालक एवं 234 बालिकाएँ थीं जिसके आधार पर निजी चिकित्सालयों में हुए जन्मों के आधार पर लिंगानुपात मात्र 788 बालिका प्रति 1000 बालक आया। जिन दो चिकित्सकों के विरुद्ध अभियोजन की कार्यवाही हेतु अभियोगपत्र मुख्य न्यायिक दंडाधिकारी, शिवपुरी के न्यायालय में प्रस्तुए किए गए, उनमें से एक के नर्सिंग होम में इस अवधि में 277 बच्चों का जन्म हुआ। इनमें से 151 बालक एवं 126 बालिकाएँ थीं। इस गणना के आधार पर जन्म के समय लिंग अनुपात मात्र 834 बालिकाएँ प्रति 1000 बालक का आता है। इसी प्रकार दूसरे चिकित्सक के यहाँ इस अवधि में कुल 90 शिशुओं का जन्म हुआ जिसमें 54 बालक और मात्र 36 बालिकाएँ थीं और शिशु लिंग अनुपात 666 बालिकाएँ प्रति 1000 बालक आता है।

प्रकृति के न्याय का सिद्धांत है कि 100 बेटों पर 100 बेटियों का अनुपात हो। ऐसे में ये तथाकथित "लड़के पैदा कराने वाले डाक्टर" की छवि वाले डाक्टर प्रकृति के न्याय के साथ किस प्रकार खिलवाड़ करते हैं, यह सबूत इकट्ठा करना भी जरूरी था। चाहे वह पुलिस प्रशासन हो, सामान्य प्रशासन हो, न्यायपालिका हो अथवा मीडिया हो, समाज का प्रत्येक वर्ग इस नोबेल प्रोफेशन का प्रतिनिधित्व करने वाले वर्ग के विरुद्ध कार्यवाही करने में हिचकिचाते हैं या उसकी अनदेखी करते हैं, जिसके मूल में शायद इस प्रोफेशन की महानता ही है। बहरहाल इस सफेदपोश अपराध से आ़म जनता को अवगत कराने के लिए स्वास्थ्य विभाग ने गणतंत्र दिवस पर एक झाँकी के माध्यम से सर्वेक्षण के आँकड़ों को दिखा कर समाज को झकझोरने का प्रयास भी किया। साथ ही सवाल भी उठाया कि इतनी अधिक कन्या भ्रूण हत्याओं के लिए कौन जिम्मेवार है। कवि हृदय चिकित्सक डा. एच.पी. जैन 'हरि' ने उसे इस तरह से बयान किया—

**सोचो कि गुनहगार कहीं आप तो नहीं।**
**बेटी के खून में मददगार कहीं आप तो नहीं।।**

सामाजिक अंकेक्षण के पश्चात चिकित्सकीय अंकेक्षण किया गया और इसका विस्तृत आधार बने—पीसी एंड पी.एन.डी.टी. एक्ट के तहत अनिवार्य रूप से भरे जाने वाले फार्म 'एफ'। विभिन्न स्रोतों—विशेषतः स्वयंसेवी संगठन 'शकुंतला परमार्थ समिति' की शैला अग्रवाल—द्वारा की गई गहन जाँच-पड़ताल से निकली जानकारी से यह स्थापित हो गया था कि उपरोक्त

दोनों चिकित्सक लिंग परीक्षण एवं कन्या भ्रूण हत्या जैसे घिनौने कृत्य में संलग्न हैं। इसलिए इन केंद्रों द्वारा उपलब्ध कराई गई जानकारी पर ही विशेष ध्यान केंद्रित किया गया। इन केंद्रों के द्वारा जो फार्म 'एफ' भरे गए थे उनकी ऑडिट के समय यह पाया गया कि उन फार्मों में कुछ में अधूरी जानकारी दर्ज थी। जिसके कारण इस बात का परीक्षण करना संभव नहीं हो पा रहा था कि किन गर्भवती महिलाओं ने सोनोग्राफी परीक्षण कराया एवं कहीं उन्होंने कन्या भ्रूण हत्या तो नहीं की है। पी.सी. एंड पी.एन.डी.टी. एक्ट के तहत यह आवश्यक है कि सोनोग्राफी केंद्र फार्म 'एफ' का संधारण करें जिससे प्रत्येक गर्भवती महिला जो किसी भी कारण से सोनोग्राफी कराने आई है, उसका पूर्ण नाम-पता आदि उपलब्ध हो ताकि विहित प्राधिकारी यदि उस फार्म के आधार पर मेडिकल ऑडिट करना चाहे तो उसे असुविधा न हो।

उपरोक्त बाधाओं के बावजूद जिला प्रशासन निरंतर फार्म एफ का ऑडिट करता रहा, उसके आधार पर प्राप्त जानकारी का मिलान सामाजिक अंकेक्षण से उपलब्ध जानकारी से करता रहा, आवश्यक होने पर गैर-सरकारी संगठनों एवं अन्य विश्वसनीय स्रोतों से इकट्ठा किए गए साक्ष्यों की मैदानी स्तर पर पुष्टि कराता रहा और अंत में सभी के सहयोग से अपने किस्म के पहले सामाजिक चिकित्सकीय अंकेक्षण से ऐसे दो प्रकरणों का पर्दाफाश करने में सफल हुआ, जो कि स्पष्टतः लिंग परीक्षण आधारित कन्या भ्रूण हत्या के मामले थे।

जैसा कि अन्य अध्याय में उल्लेख किया गया है कि सभी सोनोग्राफी परीक्षण जो मध्य गर्भावस्था में किए जाते हैं, उनमें आगामी छह माह में या तो गर्भपात होगा या बच्चे का जन्म होगा। इसलिए पिछले वर्ष के अंतर्गत किए गए ऐसे सोनोग्राफी परीक्षण जिनमें गर्भावस्था की अवधि के आधार पर, सर्वेक्षण के समय तक शिशु का जन्म हो जाना चाहिए था, पर ध्यान केंद्रित किया गया और उनका न सिर्फ सर्वेक्षण के आँकड़ों से सत्यापन किया गया अपितु मैदानी स्तर पर उसकी पुष्टि भी कराई गई। अंततः मुख्य चिकित्सा एवं स्वास्थ्य अधिकारी डा. दिनेश कौशल ने इस जटिल एवं लंबा समय लेने वाली कसरत के आधार पर पी.सी. एंड पी.एन.डी.टी. एक्ट की धारा 23 के तहत दो अभियोगपत्र मुख्य न्यायिक दंडाधिकारी के न्यायालय में प्रस्तुत किए। इन अभियोगपत्रों में उल्लेख किया गया कि आरोपी क्रमांक

1 चिकित्सक ने दो गर्भवती महिलाओं का सोनोग्राफी परीक्षण आरोपी क्रमांक 2 चिकित्सक द्वारा रेफर करने पर किया। दोनों सोनोग्राफी परीक्षणों में गर्भस्थ शिशु को सामान्य बताया गया और गर्भावस्था समाप्त करने की कोई सलाह नहीं दी गई। दोनों महिलाओं के पहले के गर्भधारण एवं बच्चों में कोई भी असामान्यता न होने का उल्लेख किया गया। इन दो गर्भवती महिलाओं में से एक की पहले एक बिटिया एवं दूसरी की इस गर्भ से पहले दो बेटियाँ थीं। इनके सोनोग्राफी परीक्षण में गर्भस्थ शिशु क्रमशः 15.1 सप्ताह एवं 13.2 सप्ताह का होना बताया गया।

गर्भावस्था की इस अवधि में लिंग परीक्षण सुगमता से किया जाना संभव होता है। इन दोनों महिलाओं के गर्भ में पल रहा शिशु सामान्य बताया गया था। उन्हें चिकित्सकीय आधार पर गर्भावस्था को समाप्त करने की कोई सलाह नहीं दी गई। लेकिन दोनों गर्भवती महिलाओं ने उक्त परीक्षण कराए जाने के उपरांत बिना किसी कारण के अपनी गर्भावस्था को समाप्त करवा लिया और गर्भावस्था को समाप्त किए जाने का कोई कारण रिकॉर्ड पर नहीं था। इससे यह स्पष्ट इंगित होता है कि आरोपी क्रमांक 1 द्वारा उक्त एक्ट के प्रावधानों का पालन नहीं करके गर्भवती महिलाओं को उनके गर्भ में पल रहे शिशु का लिंग परीक्षण कर उसका लिंग कन्या होना बताया और इसी कारण इन गर्भवती महिलाओं द्वारा पहले बेटियाँ ही होने के कारण और उक्त लिंग परीक्षण में पुष्टि होने के कारण कन्या भ्रूण हत्या कर गर्भावस्था को समाप्त कर दिया गया। अतः आरोपी चिकित्सकों ने इसमें षड्यंत्रपूर्वक सहयोग किया और ऐसा उन्होंने एक्ट के प्रावधानों की जानकारी होने के बावजूद विद्वेषपूर्ण तरीके से अर्थलाभ के लिए किया। उनका यह कृत्य उक्त एक्ट की धारा 23 के तहत दंडनीय अपराध था।

मुख्य चिकित्सा एवं स्वास्थ्य अधिकारी द्वारा प्रस्तुत अभियोगपत्र में आगे उल्लेख किया गया कि आरोपियों ने उपरोक्त कृत्य यह जानते हुए भी कि, यह अपराध है और कन्या भ्रूण हत्या विधि के समक्ष दंडनीय है, गर्भवती महिलाओं को उनके गर्भ में पल रहे कन्या भ्रूण की जानकारी दी जिससे आरोपी क्र. 2 चिकित्सक ने उक्त महिलाओं के गर्भ में पल रहे कन्या भ्रूण का गर्भपात कराया। उक्त गर्भपात करने हेतु कोई कारण नहीं था और न ही ऐसी कोई स्थिति थी जिससे गर्भ के रहते इन महिलाओं को कोई शारीरिक परेशानी होती अथवा जान का खतरा रहता। न ही गर्भस्थ

शिशु के जीवन को कोई खतरा था। अतः आरोपियों के विरुद्ध अभियोगपत्र धारा 23 पी.सी. एंड पी.एन.डी.टी. एक्ट, 1994 के तहत गर्भस्थ शिशु लिंग परीक्षण एवं लिंग परीक्षण आधारित गर्भपात (कन्या भ्रूण हत्या) करने के संबंध में किए गए अपराध हेतु तीन वर्ष के कारावास एवं 10,000 रुपये तक अर्थदंड की प्रार्थना के साथ प्रस्तुत किया गया।

माननीय न्यायालय मुख्य न्यायिक दंडाधिकारी द्वारा प्रस्तुत परिवाद पत्रों एवं दस्तावेजों का अवलोकन करने के उपरांत अभियुक्तों के विरुद्ध धारा 23 पी.सी. एंड पी.एन.डी.टी. एक्ट के तहत अपराध के लिए मामला संज्ञान में लेते हुए प्रकरण नियमित दांडिक प्रकरण पंजी में पंजीकृत किया गया एवं अभियुक्तों के विरुद्ध गैर-जमानती वारंट जारी कर अभियुक्तों की उपस्थिति हेतु नियत किया गया।

इस प्रकार सामाजिक चिकित्सकीय अंकेक्षण के आधार पर देश में संभवतः पहला प्रकरण न्यायालय में प्रस्तुत किया गया। दोनों चिकित्सकों के विरुद्ध चूंकि गैर-जमानती वारंट जारी किए गए थे इसलिए दोनों चिकित्सक भूमिगत हो गए एवं उन्होंने लगभग 10-20 दिन पश्चात अग्रिम जमानत हेतु आवेदन प्रस्तुत किया जिसे चतुर्थ अपर सत्र न्यायाधीश (फास्ट ट्रेक) शिवपुरी द्वारा निरस्त किया गया और आरोपीगण द्वारा अंततः माननीय उच्च न्यायालय के समक्ष एक आवेदन धारा 482 दंड प्रक्रिया संहिता के तहत लगाया जिस पर माननीय उच्च न्यायालय द्वारा प्रकरण की प्रकृति को दृष्टिगत रखते हुए गिरफ्तारी वारंट के क्रियान्वयन पर सुनवाई होने तक रोक लगा दी एवं लगभग 6 माह से प्रकरण इस स्तर पर सुनवाई होने के लिए लंबित है।

बहरहाल जैसी आशंका थी, इंडियन मेडिकल एसोसियेशन के बैनर तले सभी चिकित्सक इकट्ठा हुए और जिस प्रकरण में माननीय न्यायालय द्वारा प्रस्तुत परिवाद पत्र एवं दस्तावेजों के अवलोकन के पश्चात अभियुक्तों के विरुद्ध धारा 23 पी.सी. एंड पी.एन.डी.टी. एक्ट के तहत अपराध के लिए मामला संज्ञान में लिए जाने योग्य पाया गया और अभियुक्तों के विरुद्ध गैर-जमानती वारंट जारी किया गया उस प्रकरण में आई.एम.ए. ने बैठक कर इन चिकित्सकों को निर्दोष करार दे दिया और प्रस्ताव पारित किया कि "उपरोक्त प्रकरण से क्षुब्ध चिकित्सक एकमत से यह चिंता व्यक्त करते हैं कि इस प्रकार किसी भी चिकित्सक के विरुद्ध अनुमान के आधार पर

दंडात्मक कार्यवाही कभी भी की जा सकती है। आई.एम.ए. शाखा शिवपुरी कन्या भ्रूण हत्या का विरोध करता है, परंतु निर्दोष चिकित्सकों के विरुद्ध की गई निराधार कार्यवाही की घोर भर्त्सना करता है।"

**अंततः फिर वही दोगलापन! एक तरफ कन्या भ्रूण हत्या का विरोध और दूसरी तरफ प्रमाणपूर्वक की गई कार्यवाही की भर्त्सना!**

नरेश मेहन की 'नरभक्षी' कविता चिकित्सकों के इस दोगले आचरण को शायद परिवर्तित कर दे—

**कब तक करोगे, भ्रूण हत्या!**
**कब तक रोकोगे, आदमी के जन्म को?**
**तुम, धरती पर आ गए हो,**
**इसलिए मानते हो, अपना एकाधिकार,**
**अपनी भूख की शांति के लिए**
**चंद चीथड़ों और सिर छुपाने के लिए,**
**एक छत की चिंता में करते हो**
**भ्रूण हत्या!**
**यह मात्र भ्रूण हत्या नहीं!**
**हत्या है हमारे संबंधों की, हमारी भावनाओं की!**
**जरा सोचो,**
**जब हम अगली सदी में जाएँगे**
**अपने बच्चों के लिए**
**बुआ-मौसी कहाँ से लाएँगे?**
**तोतली आवाज में, कैसे कहेंगे हमारे बच्चे**
**ताया-तायी, चाचा-चाची, भैया-भाभी**
**और फिर कहाँ जाएगा, देवरानी-जेठानी का रिश्ता?**
**ये सब रिश्ते खंडहर हो जाएँगे!**
**कालीबंगा की तरह!**
**फिर आदमी आदमी कहाँ रह जाएगा?**
**माँ के पेट में बच्चों को भखने वाला?**
**नरभक्षी हो जाएगा!**

❐

आईये, कन्या भ्रूण हत्या न करने की शपथ लें!

# आइए, कन्या भ्रूण हत्या न करने की शपथ लें!

मध्यप्रदेश के शिवपुरी जिले के कोलारस विकासखंड के गाँव सेसईखुर्द में बतौर कलेक्टर अपने साथी अधिकारियों के साथ गाँव के हालात को जानने की चाहत और मध्यप्रदेश शासन के निर्देशों के अनुरूप किए गए रात्रि विश्राम में हुए अनुभव को इस लेख के माध्यम से अभिव्यक्त कर रहा हूँ। विषयवस्तु पर आने से पहले इस लेख को लिखने की आवश्यकता के मूल में यह बात बहुत शिद्दत के साथ व्यक्त करना चाहता हूँ कि आज भौतिकतावाद की दौड़ में शामिल होने को आतुर भारतीय समाज को जिन विसंगतियों से जूझना पड़ रहा है, हम भारतीय समाज का हिस्सा होने के नाते न सिर्फ इस समस्या के लिए प्रत्यक्ष/परोक्ष रूप से जिम्मेवार हैं, अपितु हम ही में इसका समाधान भी निहित है।

गाँव की जनसंख्या लगभग 1000 है। यह गाँव मुख्य सड़क से लगभग 6-7 किमी. हट कर स्थित है और उसे एक दूरस्थ गाँव के रूप में परिभाषित किया जा सकता है। विभिन्न शासकीय योजनाओं और सामाजिक समस्याओं के विश्लेषण के समय यह तथ्य उजागर हुआ कि आँगनवाड़ी में गाँव के जन्म से पाँच वर्ष तक के सभी बच्चों को दर्ज किया गया है। इसकी पुष्टि गाँव की जनसंख्या और उसमें जन्म से पाँच वर्ष तक के बच्चों के संभावित प्रतिशत से भी होती है। कुछ लोगों के लिए चौंकाने वाला तथ्य यह हो सकता है कि गाँव में जन्म

से पाँच वर्ष तक के बच्चों में जहाँ 97 लड़के हैं, वहाँ लड़कियाँ मात्र 61 हैं। पिछले पाँच साल में हुए जन्मों की गणना के आधार पर भी आँकड़े इस तथ्य की पुष्टि करते हैं। यह जानते हुए भी कि इतने छोटे सेम्पल के आधार पर निष्कर्ष निकाले जाने की अपनी सीमितता है। लेकिन गाँव में हुए वार्तालाप में लोगों के द्वारा व्यक्त विचारों के आधार पर यह कहना भी गलत नहीं है कि यह उदाहरण मात्र आँकड़ों की वस्तुपरकता की सीमितता का नहीं है, बल्कि आज के इस समाज का एक यथार्थ है, एक कड़वा सच है। पाठकों के लिए इतना कम शिशु लिंगानुपात चौंकाने वाला हो सकता है, लेकिन इस क्षेत्र में कुछ समय से काम करते रहने के कारण मेरे लिए यह आँकड़ा आश्चर्यजनक तो नहीं है, लेकिन चिंताजनक जरूर है और यही चिंता इस लेख के माध्यम से बांटने का प्रयास कर रहा हूँ।

विपरीत लिंगानुपात के संबंध में जब वर्ष 2001 के आँकड़े आए थे तो एक स्वाभाविक प्रतिक्रिया के रूप में समाज के लगभग सभी वर्गों ने इन आँकड़ों को झुठलाने का प्रयास करते हुए इस समस्या को जानबूझकर अनदेखा किया। 2001 की जनगणना के छह साल बाद आज इतना परिवर्तन अवश्य हुआ है कि समाज के सभी वर्गों ने अपने परिवेश के अनुभव के आधार पर एवं कुछ व्यक्तियों, स्वयंसेवी संगठनों, मीडिया एवं न्यायपालिका द्वारा किए गए छिट-पुट सार्थक प्रयासों के आधार पर इस कड़वे सच को स्वीकार किया है। लेकिन इस स्वीकारोक्ति में बहुत विलंब हुआ है। इस दौरान कन्या शिशु लिंगानुपात और अधिक विपरीत हो गया है। साक्ष्य के रूप में इस गाँव की कहानी को आज के समाज के आईने के प्रतिबिंब के रूप में समझना समय की आवश्यकता है क्योंकि कहीं ऐसा न हो कि 2011 के आँकड़े भारतीय समाज को और भी शर्मसार कर दें। ऐसा न हो, इसके लिए भारतीय समाज के हर व्यक्ति को अपनी भूमिका समझते हुए आज से ही प्रयास प्रारंभ करने होंगे। यह बात मात्र इसलिए जोर देकर कहना चाहता हूँ क्योंकि आज यह समस्या विकराल रूप धारण कर चुकी है। वक्त दोषारोपण का नहीं है, कुछ कर दिखाने का है। इस समस्या के विभिन्न आयामों पर होने वाली बहस भी बिना किसी सार्थक नतीजे पर पहुँचे अप्रासंगिक होती जा रही है। कुछ जातियों को जनगणना 2001 के आधार पर समस्यामूलक जातियों के रूप में परिभाषित करना भी अब अतीत की बात माना जाना चाहिए क्योंकि हाल ही में पुणे के गोखले संस्थान द्वारा किए गए अध्ययन से यह स्थापित हुआ है कि इस समस्या के मूल में उस समय विशेष पर उस परिवार विशेष के लिए लिंग परीक्षण करने

वाली तकनीक की जानकारी, उस समय विशेष पर धन की उपलब्धता एवं उस तक उसकी पहुँच लिंग परीक्षण आधारित कन्या भ्रूण हत्या करने की संभावना को बढ़ा देती है, भले ही वह मुंबई का कोई पढ़ा-लिखा पैसे वाला शिक्षित परिवार हो अथवा सेसईखुर्द का दूरस्थ कम पढ़ा-लिखा परिवार। यह अध्ययन 1991-2001 के दशक के बीच सोनोग्राफी केंद्रों की संख्या एवं शिशु लिंग अनुपात में गिरावट के बीच प्रत्यक्ष संबंध को भी स्थापित करता है। डॉ. आशीष बोस के शब्दों में, "परंपरा (पुत्र की चाहत की मनोग्रंथि) एवं तकनीक (सोनोग्राफी परीक्षण) के अपवित्र गठजोड़ ने भारतीय समाज में तबाही पैदा कर दी है।" ऐसे में चिकित्सक वर्ग से जब इस समस्या और उसकी भूमिका के संबंध में बात की जाती है तो वह सिर्फ अपना सीमित तर्क यह देते हैं कि वे लिंग परीक्षण एवं तत्पश्चात कन्या भ्रूण हत्या में भागीदारी नहीं करते। स्वीकार करते हैं तो सिर्फ इतना ही कि वे स्वयं यह घिनौना कृत्य नहीं करते, अन्य चिकित्सक करते हैं; स्वीकार करते हैं तो यह कि ऐसा नरसंहार उनके शहर में नहीं होता, दूसरे शहरों में होता है; स्वीकार करते हैं तो यह कि क्वालीफाइड चिकित्सक ऐसा नहीं करते, झोला छाप डॉक्टर करते हैं। लेकिन दबे शब्दों में यह भी स्वीकार करते हैं कि समस्या की जड़ में समाज की लिंग परीक्षण एवं कन्या भ्रूण हत्या की गहरी चाहत है और वे तो सिर्फ समाज की माँग की पूर्ति करते हैं। ये चिकित्सक समाज की माँग पूर्ति करते हैं या समाज में नई माँग पैदा करते हैं, इस बहस का वक्त भी अब निकल गया है। पानी सिर के ऊपर से निकलने वाला है। अब सच यह है कि हिन्दुस्तान में लिंग निर्धारण कर कन्या भ्रूण हत्या की स्थिति खतरनाक तरीके से अपने पैर पसार रही है। पहले कन्या शिशु का वध होता था, कुछ ही जातियों में होता था, कुछ ही क्षेत्रों में होता था, आज कन्या भ्रूण हत्या हो रही है, हर समाज में हो रही है, हर शहर में हो रही है, हर जाति में हो रही है, यहाँ तक कि दूरस्थ गाँवों में हो रही है और गरीब भी इससे अछूते नहीं हैं। दुख इस बात का है कि सदियों से चली आ रही पुत्र की चाहत की परंपरा ने अब बेटियों के प्रति भेदभाव का एक ऐसा घिनौना रूप अख्तियार कर लिया है जो कि उनके प्रति घृणा के भाव को कन्या भ्रूण हत्या के रूप में अभिव्यक्त कर रहा है और इसमें सक्रिय भागीदारी कर रहा है चिकित्सक वर्ग। क्या यह उस पेशे के लिए अच्छी स्थिति है जिसे नोबल प्रोफेशन कहा गया है, जिसे देव-तुल्य माना गया है? क्या चिकित्सक वर्ग को समाज में भौतिकतावाद की दौड़ में अंधा होकर समाज के अन्य वर्गों की तरह स्वच्छंद व्यवहार करने की स्वतंत्रता दी जानी

चाहिए? सेसईखुर्द की कहानी में दबी जुबान से की गई स्वीकारोक्ति भी यही है कि फलाँ डॉक्टर साहब के यहाँ लिंग परीक्षण कराया था और बेटी को जन्म लेने से रोका गया था। यह घटना न सिर्फ चिकित्सकीय पेशे के आत्मसम्मान के लिए एक चुनौती है, बल्कि हम सभी के लिए कुछ कर दिखाने का आवाहन भी है। महात्मा गाँधी ने कहा था, "जब तक बेटी के जन्म का स्वागत बेटे के जन्म की तरह नहीं होगा, तब तक हमें यह जान लेना चाहिए कि भारतीय समाज आंशिक रूप से लकवाग्रस्त है।" आइए! हम सभी महात्मा गाँधी के आदर्शों से प्रेरणा लेकर भारतीय समाज को एक ऐसा समाज बनाएँ जहाँ न सिर्फ बेटी को जन्म लेने का हक हो बल्कि उसे सम्मानपूर्वक जीवन जीने का अवसर भी मिले। इसके लिए हर परिवार को शपथ लेनी होगी कि यदि चिकित्सक सिर्फ समाज की माँग की पूर्ति कर रहे हैं तो हम ऐसी माँग ही नहीं करेंगे ताकि उनके पेशे की गरिमा भी बनी रहे, भारतीय समाज के स्थापित मूल्यों को भी अक्षुण्ण रखा जा सके और संतुलित एवं समान अधिकार वाले **'मेरा भारत महान'** का सृजन भी हो सके।

❒

# कानून क्या कहता है?

## पी. सी. एण्ड पी. एन. डी. टी. एक्ट पर एक नज़र

# कानून क्या कहता है?
# पी.सी. एंड पी.एन.डी.टी. एक्ट पर एक नज़र

देश में लड़कियों की तेजी से घटती हुई संख्या को देखते हुए संसद ने प्रसव पूर्व निदान तकनीक अधिनियम, 1994 पारित किया। यह अधिनियम एक जनवरी 1996 को लागू हुआ लेकिन इस कानून का न तो व्यापक प्रचार-प्रसार हुआ था और न ही इस कानून को व्यवहार में लाया जा रहा था। इसी बीच जनगणना आयोग द्वारा प्रकाशित रिपोर्ट 2001 ने पहली बार लापता हो रही लड़कियों के संबंध में सिलसिलेवार आँकड़े प्रस्तुत किए। तब तक सोनोग्राफी केंद्र बेरोकटोक लिंग परीक्षण कर रहे थे। साथ ही ऐसी नई चिकित्सा तकनीकें भी ईजाद हो गई थीं जिनका इस्तेमाल करके चिकित्सक गर्भधारण के पहले ही लिंग निर्धारित करने में सक्षम हो पा रहे थे। ऐसे हालात में इस मुद्दे पर काम कर रहे डॉ. साबू जार्ज, 'सेहत' एवं 'मासूम' महिला संगठनों की ओर से फरवरी 2000 में सर्वोच्च न्यायालय में एक जनहित याचिका दायर की गई। सर्वोच्च न्यायालय ने इस जनहित याचिका में उठाये गए बिंदुओं पर संज्ञान लेकर भारत सरकार को पी.एन.डी.टी. एक्ट, 1994 में व्यापक सुधार के निर्देश दिए। परिणामस्वरूप 20 जनवरी 2003 को एक संशोधित कानून सारे देश में लागू किया गया जिसे 'गर्भधारण पूर्व और प्रसव पूर्व निदान तकनीक (लिंग चयन निषेध) अधिनियम', 1994 अर्थात् पी.सी. एंड पी.एन.डी.टी. एक्ट के नाम से जाना जाने लगा।

यह कानून लिंग परीक्षण हेतु प्रसव पूर्व निदान तकनीक के उपयोग को प्रतिबंधित करता है। साथ ही कोई भी व्यक्ति जो प्रसव पूर्व निदान तकनीक का प्रयोग कर रहा है वह गर्भवती महिला अथवा उसके रिश्तेदार को शब्दों, इशारों या अन्य किसी तरीके से भ्रूण का लिंग नहीं बता सकता। यह कानून लिंग चयन का निषेध करता है (धारा 3क); ऐसे व्यक्ति, प्रयोगशाला तथा क्लिनिक जो अधिनियम के अंर्तगत पंजीकृत नहीं हैं, को अल्ट्रासाउंड मशीन आदि बेचने पर पाबंदी लगाता है (धारा 3ख); और गर्भधारण पूर्व एवं प्रसव पूर्व लिंग निर्धारण से संबंधित विज्ञापन करने पर पाबंदी लगाता है (धारा 22)। अधिनियम विस्तार से प्रसव पूर्व तकनीक का प्रयोग करने के उद्देश्यों, कारणों एवं शर्तों का उल्लेख करता है। इसके अतिरिक्त यह इस अधिनियम के प्रावधानों के दुरुपयोग को रोकने के लिए एवं अधिनियम का उल्लंघन होने की स्थिति में अपनाई जाने वाली प्रक्रिया और विहित प्राधिकारी को भी स्पष्ट करता है।

### अधिनियम के क्षेत्राधिकार में आने वाली इकाइयाँ [धारा 18 एवं नियम 3(1)]

प्रसव पूर्व तकनीक का उपयोग केवल वर्णित उद्देश्यों की पूर्ति हेतु, पंजीकृत स्थान पर, अधिनियम में उल्लिखित योग्यताधारी व्यक्ति द्वारा ही किया जा सकता है। उपलब्ध कराई जाने वाली सेवाओं के आधार पर तीन विभिन्न प्रकार की इकाइयाँ पंजीकृत की जा सकती हैं—

1. आनुवांशिक परामर्श केंद्र—ऐसे स्थान जहाँ आनुवांशिक परामर्श दिया जाता है।
2. आनुवांशिक प्रयोगशाला—ऐसे स्थान जहाँ प्रसव पूर्व निदान तकनीक द्वारा इकट्ठा किए गए नमूने परीक्षण एवं विश्लेषण के लिए भेजे जाते हैं।
3. आनुवांशिक क्लिनिक—ऐसे स्थान जहाँ प्रसव पूर्व निदान परीक्षण किए जाते हैं।

ऐसे क्लिनिक जहाँ अल्ट्रासाउंड परीक्षण अथवा इमेजिंग टेस्ट किए जाते हैं, उन्हें अल्ट्रासाउंड क्लिनिक एवं इमेजिंग केंद्र के रूप में पंजीकृत किया जाता है। प्रत्येक अल्ट्रासाउंड मशीन/केंद्र का पंजीकरण इस अधिनियम के अंतर्गत इसलिए आवश्यक है क्योंकि अल्ट्रासाउंड मशीन का उपयोग प्रसव पूर्व निदान के लिए किया जा सकता है।

**प्रसव पूर्व निदान तकनीक का उपयोग कब किया जा सकता है?**

धारा 4(2) के अनुसार प्रसव पूर्व निदान तकनीक निम्नलिखित वर्णित उद्देश्यों के सिवाय प्रयोग में नहीं लायी जाएगी—

1. गुणसूत्री अनियमितताओं में
2. आनुवांशिक उपापचयी विकारों में
3. हीमोग्लोबीनोपैथी में
4. लिंग संबंधी विकारों में
5. जन्मजात विषमता में तथा
6. अन्य कोई अनियमितता या बीमारी जिसे केंद्रीय पर्यवेक्षणीय मंडल द्वारा निर्दिष्ट किया जाए

धारा 4(3) के अनुसार कोई भी व्यक्ति जो प्रसव पूर्व परीक्षण विधि करने के योग्य हो, तब तक इसे नहीं करेगा जब तक कि उसका उन कारणों से, जो अभिलिखित किए जाएँ, यह समाधान न हो जाए कि निम्न में से किसी एक शर्त की पूर्ति हो रही है—

1. गर्भवती महिला की आयु 35 वर्ष से अधिक है,
2. गर्भवती महिला के दो या अधिक तात्क्षणिक गर्भपात या गर्भस्थ भ्रूण हानि हो चुकी हो,
3. गर्भवती महिला ड्रग्स, विकिरण, इन्फेक्शन या रसायनों जैसे किसी पोटेंशियली टेराटोजैनिक एजेंट्स के संपर्क में आई हो,
4. गर्भवती महिला या उसके पति के परिवार में मानसिक मंदन या शारीरिक कुरचना जैसे स्पैस्टिसिटी या कोई अन्य आनुवांशिक बीमारी का इतिहास हो, एवं
5. कोई अन्य शर्त जो बोर्ड द्वारा विहित की जाए

परंतु यह कि कोई भी व्यक्ति जो किसी गर्भवती महिला की अल्ट्रासोनोग्राफी करता है, वह विहित प्रक्रिया अनुसार अपने क्लिनिक में पूरा अभिलेख रखेगा तथा कोई कमी या अपूर्णता पाई जाने पर धारा 5 या धारा 6 का उल्लंघन माना जाएगा जब तक कि वह व्यक्ति, जिसने अल्ट्रासोनोग्राफी की है, उसे अन्यथा न साबित कर दे।

धारा 5 गर्भवती महिला की लिखित सहमति तथा भ्रूण के लिंग के बारे में उसे संसूचना पर प्रतिबंध से संबंधित है जबकि धारा 6 द्वारा लिंग के निर्धारण को प्रतिबंधित किया गया है।

**अभिलेखों का संधारण [धारा 29 एवं नियम 9]**

अधिनियम के अंतर्गत पंजीकृत इकाइयों द्वारा गर्भावस्था से संबंधित सभी परीक्षणों का समस्त अभिलेख रखा जाना अनिवार्य है। चूंकि इन अभिलेखों का बाद में सूक्ष्म निरीक्षण, अन्वेषण हो सकता है, इसलिए अपूर्ण रिकॉर्ड प्रस्तुत करना या उसे प्रस्तुत न करना भी एक अपराध है। अधिनियम की इस धारा से संबंधित नियम इस प्रकार हैं :

- विभिन्न इकाइयों द्वारा रखे जाने वाले फार्म हैं—
  1. आनुवांशिक परामर्श केंद्र — प्रारूप 'घ' (फार्म-डी) (नियम 9(2))
  2. आनुवांशिक प्रयोगशाला — प्रारूप 'ङ' (फार्म-ई) (नियम 9(3))
  3. आनुवांशिक क्लिनिक — प्रारूप 'च' (फार्म-एफ) (नियम 9(4))
- प्रत्येक इकाई द्वारा की गई सभी गर्भधारण पूर्व या गर्भावस्था से संबंधित प्रक्रियाओं/तकनीकों/परीक्षणों के बाबत एक पूर्ण रिपोर्ट आने वाले माह की पाँच तारीख तक संबंधित समुचित प्राधिकारी को भेजी जाएगी।
- समस्त अभिलेख, सहमति प्रारूप, प्रयोगशाला परिणाम, सूक्ष्मदर्शी चित्र, सोनोग्राफिक प्लेट या स्लाइड्स, सिफारिशें और पत्र आदि परीक्षण के पूरा होने की तारीख से दो वर्ष की अवधि के लिए संधारित किए जाएँगे एवं किसी विधिक कार्यवाही की स्थिति में अभिलेखों को विधिक कार्यवाही के अंतिम निपटारे तक या दो वर्ष की अवधि समाप्त होने तक, इनमें से जो भी बाद में पड़ती हो, संधारित किया जाएगा।
- समस्त अभिलेख सभी उपयुक्त समय में समुचित प्राधिकारी या इस बारे में समुचित प्राधिकारी द्वारा नियुक्त अन्य व्यक्ति के निरीक्षण के लिए उपलब्ध कराए जाएँगे।

**प्रसव पूर्व निदान तकनीक/परीक्षण/प्रक्रिया कराने वाली महिला की लिखित सहमति**

- प्रसव पूर्व निदान तकनीक/परीक्षण/प्रक्रिया करने से पहले ऐसी

प्रक्रिया कराने वाले व्यक्ति से ऐसी भाषा में जिसे वह समझता है, प्रारूप 'छ' (फार्म जी) में एक लिखित सहमति इस आशय की ली जाएगी कि उसे प्रसव पूर्व निदान प्रक्रिया के संभावित प्रभावों के बारे में बता दिया गया है, तथा उसे पता है कि भ्रूण के लिंग के बारे में उसे नहीं बताया जाएगा।

- नियम 10(1) (क) के अनुसार किसी गर्भवती महिला की अल्ट्रासोनोग्राफी करने वाला व्यक्ति प्रत्येक रिपोर्ट पर यह घोषणा करेगा कि उसने गर्भवती स्त्री के भ्रूण के लिंग का न तो पता लगाया है और न ही इस बारे में किसी को बताया है। इसी प्रकार गर्भवती महिला प्रारूप 'च' (फार्म 'एफ') में ऐसी सोनोग्राफी कराने से पहले यह घोषणा करेगी कि वह अपने भ्रूण का लिंग जानना नहीं चाहती।
- अधिनियम के प्रावधानों के अनुसार भ्रूण के लिंग की जानकारी प्राप्त करने वाले व्यक्तियों एवं जानकारी देने वाले व्यक्तियों के लिए सजा का प्रावधान है। धारा 24 के अंतर्गत प्रावधान है कि धारा 4 की उपधारा (2) में विनिर्दिष्ट प्रयोजनों को छोड़कर यदि लिंग परीक्षण हेतु प्रसव पूर्व निदान तकनीक का उपयोग किया जाता है तो जब तक कि अन्यथा साबित न हो जाए यह जाना जाएगा कि गर्भवती महिला को उसके पति या अन्य रिश्तेदार द्वारा प्रसव पूर्व परीक्षण तकनीक कराने के लिए मजबूर किया गया है।

**सार्वजनिक सूचना [नियम 17]**

**नियम 17(1)**—प्रत्येक आनुवांशिक परामर्श केंद्र, आनुवांशिक प्रयोगशाला, आनुवांशिक क्लिनिक, अल्ट्रासाउंड क्लिनिक और इमेजिंग केंद्र अपने परिसर में सहज रूप से दिखने वाले स्थान पर अंग्रेजी भाषा में और स्थानीय भाषा में इस आशय की सूचना प्रदर्शित करेगा कि भ्रूण का लिंग परीक्षण करना कानूनन निषिद्ध है।

**नियम 17(2)**—प्रत्येक केंद्र में अधिनियम और इन नियमों की कम-से-कम एक प्रति उपलब्ध रहेगी तथा ग्राहकों की माँग पर परिशीलन के लिए उपलब्ध रहेगी।

**समुचित प्राधिकारी और सलाहकार समिति—(धारा 17)**

समुचित प्राधिकारी ही वह केंद्र बिंदु है जिसके चारों ओर अधिनियम घूमता है। अधिनियम के क्रियान्वयन का मुख्य उत्तरदायित्व समुचित प्राधिकारी का है। जब समुचित प्राधिकारी संपूर्ण राज्य या केंद्र शासित प्रदेश के लिए नियुक्त किया जाता है तो उसमें निम्नलिखित तीन सदस्य होते हैं—

1. स्वास्थ्य एवं परिवार कल्याण विभाग के संयुक्त निदेशक या उसके उच्च स्तर का एक अधिकारी—अध्यक्ष
2. एक प्रख्यात महिला जो महिलाओं के संगठन का प्रतिनिधित्व करे और
3. संबंधित राज्य या केंद्र शासित प्रदेश के विधि विभाग का एक अधिकारी

**जिला स्तरीय समुचित प्राधिकारी**

**हाल ही में प्रत्येक जिले के कलेक्टर को अपने-अपने जिले के लिए समुचित प्राधिकारी घोषित किया गया है। अब तक जिला स्तर पर मुख्य चिकित्सा एवं स्वास्थ्य अधिकारी ही समुचित प्राधिकारी होते थे।**

अधिनियम के अनुसार प्रत्येक समुचित प्राधिकारी की सहायता एवं सलाह के लिए एवं उसके कार्यों के निष्पादन के लिए एक सलाहकार समिति होगी जिसमें निम्नलिखित सदस्य होंगे—

1. तीन ऐसे चिकित्सकीय विशेषज्ञ जिन्हें आनुवांशिक विशेषज्ञ, प्रसूति विशेषज्ञ, शिशु रोग विशेषज्ञों में से चुना जाएगा
2. एक विधि विशेषज्ञ
3. एक अधिकारी राज्य/केंद्र शासित प्रदेश के सूचना प्रसारण विभाग से
4. तीन प्रसिद्ध समाज सेवी जिनमें महिला संगठन की कम से कम एक प्रतिनिधि हो

**समुचित प्राधिकारी के कार्य [धारा 17(4)]**

- अनुज्ञप्ति मंजूरी, निलंबन एवं निरस्तीकरण
- विहित मानकों के स्तर को लागू क़रना

- इस अधिनियम के या इसके अंतर्गत बने प्रावधानों के भंग होने की शिकायत प्राप्त होने पर अनुसंधान करना व उचित कार्यवाही करना
- सलाहकार समिति की राय प्राप्त करना, पंजीकरण के आवेदन प्राप्त करना और शिकायत प्राप्त होने पर पंजीकरण को निलंबित या निरस्त करना
- लिंग चयन विधि का उपयोग किसी भी व्यक्ति द्वारा किसी भी स्थान पर करने या ध्यान में लाये जाने पर उसके विरुद्ध उपयुक्त कानूनी कार्यवाही करवाना तथा ऐसे मामले की स्वतंत्र जाँच भी करवाना
- लोगों में लिंग चयन तथा प्रसव पूर्व लिंग निर्धारण के विरुद्ध जागरूकता पैदा करना
- अधिनियम और नियमों के प्रावधानों के क्रियान्वयन का पर्यवेक्षण करना
- तकनीकी या सामाजिक स्थितियों में परिवर्तन के अनुसार बोर्ड तथा राज्य बोर्डों को नियमों में आवश्यक उपांतरणों हेतु सुझाव देना
- सलाहकार समिति की अनुशंसाओं पर कार्यवाही करना

**समुचित प्राधिकारी की शक्तियाँ [धारा 17 क]**

- कोई भी व्यक्ति जो अधिनियम या उसके अधीन बनाए गए नियमों के प्रावधानों के उल्लंघन की सूचना रखता है, को बुलाना
- किसी भी दस्तावेज या वस्तु को प्रस्तुत करने का आदेश देना
- कोई भी स्थान जो लिंग चयन पद्धतियों या प्रसव पूर्व लिंग निर्धारण के रूप में प्रयुक्त होने की आशंका हो, के लिए तलाशी का वारंट जारी कर सकना
- कोई अन्य मामला जो विहित किया जाए

**पंजीकरण के प्रमाणपत्र का निलंबन या निरस्तीकरण [धारा 20]**

**20(1)**–समुचित प्राधिकारी स्वतंत्र रूप से या शिकायत के आधार पर किसी केंद्र को कारण बताओ नोटिस जारी कर सकता है जिसमें कारण

सहित उल्लेख हो कि क्यों न उसका पंजीकरण निरस्त या निलंबित कर दिया जाए।

**20(2)**—केंद्र को सुनवाई का उचित अवसर देने के पश्चात् एवं सलाहकार समिति के परामर्श के पश्चात् यदि समुचित प्राधिकारी इस तथ्य से संतुष्ट हो जाता है कि इस अधिनियम के किसी प्रावधान या नियम का उल्लंघन हुआ है तो बगैर किसी आपराधिक कार्यवाही के पूर्वाग्रह में वह ऐसे केंद्र का पंजीकरण ऐसे समय के लिए, जैसा कि वह उचित समझे निलंबित कर सकता है या उसका पंजीकरण निरस्त कर सकता है।

**20(3)**—यदि समुचित प्राधिकारी की राय में यह आवश्यक या समीचीन है कि लोक हित में ऐसा किया जाना अनिवार्य है तो वह ऐसे कारणों को लिपिबद्ध करते हुए किसी भी केंद्र को 20(1) में निर्दिष्ट नोटिस जारी किए बिना उसका पंजीकरण निरस्त कर सकता है।

### अपील [धारा 21 एवं नियम 19]

**19(1)**—उप जिला स्तर पर समुचित प्राधिकारी के निर्णय से व्यथित कोई व्यक्ति उस आदेश के 30 दिन के भीतर जिला स्तर पर समुचित प्राधिकारी को अपील कर सकेगा।

**19(2)**—जिला स्तर पर समुचित अधिकारी के निर्णय से व्यथित कोई व्यक्ति आदेश के 30 दिन के भीतर राज्य/संघ राज्य क्षेत्र स्तर के समुचित प्राधिकारी को अपील कर सकेगा।

**19(3)**—जिला समुचित प्राधिकारी या राज्य/संघ राज्य क्षेत्र समुचित प्राधिकारी द्वारा प्रत्येक अपील, उसकी प्राप्ति से 60 दिन के भीतर निपटाई जाएगी।

**19(4)**—यदि 19(1), 19(2), 19(3), के अधीन यथा विहित समय के भीतर कोई अपील नहीं की जाती है तो समुचित प्राधिकारी, यदि उसका यह समाधान हो जाता है कि अपीलकर्ता ऐसी अपील करने से, समुचित कारण के लिए निवारित था तो विलंब को माफ कर सकेगा।

### गर्भधारण पूर्व और प्रसव पूर्व लिंग निर्धारण से संबंधित विज्ञापन का निषेध तथा उल्लंघन होने पर दंड [धारा 22]

कोई भी व्यक्ति, संगठन, केंद्र जिसके पास अल्ट्रासाउंड मशीन, इमेजिंग मशीन या स्कैनर या कोई ऐसी तकनीक है जो गर्भस्थ शिशु का लिंग

निर्धारण या लिंग चयन करने में समर्थ है वह ऐसी सुविधा की उपलब्धता का कोई भी विज्ञापन इटरनेट सहित किसी भी रूप में न तो जारी, प्रकाशित, वितरित, या प्रसारित कर सकेगा और न ही जारी, प्रकाशित, वितरित या प्रसारित करने का यत्न कर सकेगा। यदि कोई व्यक्ति उपरोक्त प्रावधानों का उल्लंघन करेगा तो उसे तीन वर्ष तक कारावास तथा दस हजार रुपये तक जुर्माना भरना पड़ सकता है।

**अपराध व शास्ति [धारा 23]**

- इस अधिनियम के प्रावधानों या नियमों का उल्लंघन करने पर संबंधित चिकित्सक को तीन वर्ष तक के कारावास व दस हजार रुपये तक के जुर्माने की सजा दी जा सकती है। दोबारा अपराधी साबित होने पर उसे पाँच वर्ष तक का कारावास एवं पचास हजार रुपये तक का अर्थदंड दिया जा सकता है।
- पंजीकृत चिकित्सक का नाम समुचित प्राधिकारी द्वारा संबंधित राज्य चिकित्सा परिषद को आवश्यक कार्यवाही हेतु भेजा जा सकेगा। इस कार्यवाही के अंतर्गत यदि न्यायालय द्वारा आरोप तय कर दिए गए हों तो प्रकरण के निपटारे तक निलंबन तथा दोषसिद्ध होने पर परिषद की पंजी से संबंधित चिकित्सक का नाम प्रथम अपराध की दशा में पाँच वर्ष के लिए तथा अपराध की पुनरावृत्ति होने पर स्थायी रूप से हटा दिया जाएगा।
- कोई व्यक्ति यदि धारा 4(2) में विनिर्दिष्ट उपबंधों को छोड़कर किसी गर्भवती महिला का लिंग चयन या प्रसव पूर्व तकनीक के प्रयोग के लिए किसी चिकित्सक की सहायता प्राप्त करता है तो प्रथम अपराध की दशा में तीन वर्ष तक के कारावास तथा पचास हजार रुपये तक के जुर्माने तथा दुबारा अपराध करने पर पाँच वर्ष तक के कारावास तथा एक लाख रुपये तक के अर्थदंड का भागीदार होगा। ये प्रावधान उस महिला पर लागू नहीं होंगे जिसे ऐसी परीक्षण तकनीक या चयन के लिए मजबूर किया गया हो।

**अपराध का संज्ञेय, अजमानतीय व अक्षमनीय होना [धारा 27]**

इस अधिनियम के अंतर्गत प्रत्येक अपराध संज्ञेय, अजमानतीय व अक्षमनीय (राजीनामे के योग्य नहीं) है।

**अपराध का संज्ञान [धारा 28]**

**28(1)**—कोई भी न्यायालय इस अधिनियम के अंतर्गत अपराध का संज्ञान सिवाय निम्न के लिखित परिवाद की प्रस्तुति के नहीं करेगा—

(क) संबंधित समुचित प्राधिकारी या केंद्र सरकार/राज्य सरकार के द्वारा इस बारे में प्राधिकृत व्यक्ति के

(ख) किसी व्यक्ति के जिसने कि विहित रीति से समुचित प्राधिकारी को लिखित रूप से 15 दिवस अवधि का सूचना पत्र देकर अभिकथित अपराध और इस पर न्यायालय में अपना परिवाद प्रस्तुत करने के आशय संबंधी पत्र दे दिया हो

**स्पष्टीकरण—28(1)(ख)** के उद्देश्यों के लिए 'व्यक्ति' के अंतर्गत सामाजिक संगठन भी सम्मिलित हैं।

**अभिलेखों की तलाशी व जब्ती इत्यादि की शक्ति [धारा 30]**

धारा 30(1) के अनुसार यदि समुचित प्राधिकारी के पास यह विश्वास करने का कारण हो कि इस अधिनियम के अधीन कोई अपराध किसी केंद्र या अन्य किसी स्थान पर किया गया है या किया जा रहा है तो समुचित प्राधिकारी या उसके द्वारा अधिकृत कोई अधिकारी ऐसे केंद्र या स्थान पर किसी भी उपयुक्त समय पर ऐसी सहायता के साथ जो कि आवश्यक प्रतीत होती हो, प्रविष्ट हो सकेगा तथा तलाशी ले सकेगा तथा कोई अभिलेख, पंजी, दस्तावेज, पुस्तक, पैम्फलेट, विज्ञापन या कोई अन्य तात्विक वस्तु जो वहाँ पाई जाए, की जाँच कर सकेगा और यदि वह सामग्री इस अधिनियम के अधीन दंडनीय अपराध को सिद्ध करने के लिए साक्ष्य बन सकती है तो उसे सील कर सकेगा।

**सद्भावना में की गई कार्यवाही के विरुद्ध सुरक्षा [धारा 31]**

केंद्र या राज्य सरकार, या समुचित प्राधिकारी या किसी अधिकृत व्यक्ति द्वारा सद्भावना में इस अधिनियम के प्रावधानों के अनुपालन में किए गए कार्यों के विरुद्ध कोई वाद या अभियोजन या कानूनी कार्यवाही प्रस्तुत नहीं की जा सकेगी।

# संदर्भ

# संदर्भ


1. अग्निहोत्री, सतीश. सेंटर फॉर एडवोकेसी एंड रिसर्च, जयपुर द्वारा 18-20 अक्टूबर, 2005 को आयोजित *'स्ट्रेन्थनिंग सिविल सोसायटी रेस्पांस अगेंस्ट सेक्स सेलेक्शन'* विषय पर राज्य स्तरीय कार्यशाला में की गई प्रस्तुति।
2. किशोर, जे. *'दि वैनिशिंग गर्ल चाइल्ड'*, सेंचुरी प्रकाशन, 2005, नई दिल्ली।
3. गर्भधारण पूर्व और प्रसव पूर्व निदान तकनीक (लिंग चयन निषेध) अधिनियम, 1994.
   http://www.mohfw.nic.in
4. गोखले इंस्टीट्यूट ऑफ पोलिटिक्स एंड इकोनोमिक्स, पुणे द्वारा किए गए अध्ययन 'ए स्टडी ऑफ अल्ट्रासाउंड सोनोग्राफी सेंटर्स इन महाराष्ट्र' की रिपोर्ट।
5. चक्रवर्ती, समीरन. *'संसस बस्ट्स मिथ ऑफ स्क्यूड सेक्स रेशियो'*, टाइम्स ऑफ इंडिया, नई दिल्ली, दिसंबर 17, 2005 में प्रकाशित समाचार।
6. चीन में चखचख—वन चाइल्ड पॉलिसी के खिलाफ उबाल, 28 गिरफ्तार "एक नहीं, अब दो बच्चों की जिद", दैनिक भास्कर, भोपाल, 24 मई, 2007 में प्रकाशित समाचार।
7. जनसंख्या—*कुछ गलत धारणाएँ*, परिवार कल्याण विभाग, भारत सरकार एवं संयुक्त राष्ट्र जनसंख्या कोष, भारत।

8. *जनसंख्या—प्रश्न और उत्तर,* परिवार कल्याण विभाग, भारत सरकार एवं संयुक्त राष्ट्र जनसंख्या कोष, भारत।
9. दि मेडिकल टर्मिनेशन ऑफ प्रिगनेंसी एक्ट, 1971. http://www.mohfw.nic.in/MTP.htm
10. पिइओटरो, फिलिस टिलसन, डी. लारेन्स किनसाइड, जोस जी. रायमन II, एवं वार्ड रिनेहार्ट, *'हेल्थ कम्युनिकेशन लेसन्स फ्रॉम फैमिली प्लानिंग एंड रिप्रोडक्टिव हेल्थ',* पेरेजर पब्लिशर्स 1997, पीपी 21-24, पीपी 91-95.
11. बांठिया, जे.के. राजीव गाँधी सामुदायिक स्वास्थ्य मिशन, मध्यप्रदेश शासन द्वारा 2-3 अप्रैल, 2005 को ग्वालियर में आयोजित राज्य स्तरीय कार्यशाला *'सेंसेटाइजेशन टू पीसी-पीएनडीटी एक्ट एंड जेंडर इश्यूज'* में 'ओपनिंग आवर ऑइज़ टू सेंसस 2001 रिविलेशंस—मिसिंग गर्ल्स' विषय पर किया गया प्रस्तुतीकरण।
12. बेदी, पुनीत. राजीव गाँधी सामुदायिक स्वास्थ्य मिशन, मध्यप्रदेश शासन द्वारा 2-3 अप्रैल, 2005 को ग्वालियर में आयोजित राज्य स्तरीय कार्यशाला *'सेंसटाइजेशन टू पीसी-पीएनडीटी एक्ट एंड जेंडर इश्यूज'* में 'मेडिकल प्रोफेशन एंड डिसअपीयरिंग गर्ल्स' एवं 'प्रेगनेन्सी अल्ट्रासाउंड—दि गुड, दि बेड एंड दि अननेसेसरी' विषय पर किया गया प्रस्तुतीकरण।
13. बेरर, एम. *'मेकिंग अबार्शन्स सेफ—ए मैटर ऑफ गुड पब्लिक हेल्थ पॉलिसी एंड प्रेक्टिस',* 78(5), बुलेटिन ऑफ दी वर्ल्ड हेल्थ आर्गेनाइजेशन 2000
14. ब्रेकन, हिलेरी और विजया निडाडावोलू. *'मिक्सड मैसेजेस? एनालिसिस ऑफ कम्युनिकेशन मटीरियल्स ऑन अबार्शन्स एंड सेक्स डिटर्मिनेशन इन राजस्थान'* अगस्त 27, 2005, ईपीडब्ल्यू, विशेष आलेख, www.epw.org.in
15. भारत सरकार, जनगणना-2001, महापंजीयक, जनगणना, भारत, नई दिल्ली, 2001.
16. भारतीय चिकित्सा परिषद (व्यावसायिक आचरण, शिष्टाचार एवं आचार नीति) नियंत्रण 2002.
17. राष्ट्रीय जनसंख्या नीति 2000.

18. *राज्य अपीली प्राधिकारी द्वारा पारित आदेश* दिनांक 10.06.2005, स्वास्थ्य एवं परिवार कल्याण विभाग, मध्यप्रदेश शासन।
19. राजीव गाँधी सामुदायिक स्वास्थ्य मिशन, मध्यप्रदेश शासन द्वारा 2-3 अप्रैल, 2005 को ग्वालियर में आयोजित राज्य स्तरीय कार्यशाला *'सेंसटाइजेशन टू पीसी-पीएनडीटी एक्ट एंड जेंडर इश्यूज'* की रपट।
20. *'लड़का ही पैदा कराने वाले अस्पतालों पर कसेगा शिकंजा'*, दैनिक भास्कर, भोपाल, 11 जून, 2007.
21. *लापता... भारत में प्रतिकूल शिशु लिंग अनुपात का चित्रांकन*—भारत के महारजिस्ट्रार एवं जनगणना आयुक्त का कार्यालय, स्वास्थ्य एवं परिवार कल्याण मंत्रालय, भारत शासन तथा संयुक्त राष्ट्र जनसंख्या कोष, भारत नवम्बर, 2005.
22. वालीकड, डा. एलिज़ाबेथ. राजीव गाँधी सामुदायिक स्वास्थ्य मिशन, मध्य प्रदेश शासन द्वारा 2-3 अप्रैल, 2005 को ग्वालियर में आयोजित राज्य स्तरीय कार्यशाला *'सेंसटाइजेशन टू पीसी-पीएनडीटी एक्ट एंड जेंडर इश्यूज'* में 'मेडिकल इथिक्स' विषय पर किया गया प्रस्तुतीकरण।
23. शर्मा, राधा. *'गर्ल चाइल्ड स्टिल गैस्पिंग फॉर एयर इन गुजरात'*, टाइम्स ऑफ इंडिया, नई दिल्ली, 16 जून, 2006.
24. शुक्ला, शैलेन्द्र. *'पीसी एंड पीएनडीटी (प्रोहिबिशन ऑफ सेक्स सलेक्शन) एक्ट 1994—ए मीयर पेपर टाइगर?'* न्यायिक प्रशिक्षण एवं अनुसंधान केंद्र, उच्च न्यायालय, मध्यप्रदेश जबलपुर द्वारा 27-28 जनवरी, 2006 को मुख्य चिकित्सा एवं स्वास्थ्य अधिकारियों एवं विधि विशेषज्ञों के लिए पीसी एंड पीएनडीटी एक्ट 1994 पर आयोजित कार्यशाला के लिए तैयार की गई अध्ययन सामग्री।
25. सेन, अमर्त्य. दि आरग्यूमेंटेटिव इंडियन, 2005 पेंग्विन ग्रुप्स, लंदन।
26. सिक्योरिंग राइट्स—*सिटीज़न्स् रिपोर्ट ऑन मिलेनियम डेवलपमेंट गोल्स,* वादा न तोड़ो अभियान, 2005, बुक्स फॉर चेंज, बंगलौर, भारत।
27. सिंह, टी. डॉवरी, 'दि सिख पर्सपेक्टिव' (www.gurbani.org/web art 69.htm)
28. सिंह, मीता. राजीव गाँधी सामुदायिक स्वास्थ्य मिशन, मध्यप्रदेश शासन द्वारा 2-3 अप्रैल, 2005 को ग्वालियर में आयोजित राज्य स्तरीय कार्यशाला *'सेंसटाइजेशन टू पीसी-पीएनडीटी एक्ट एंड जेंडर*

*इश्यूज*' में 'फ्यूचर स्ट्रेटजी इन रेफरेंस टू जेंडर एंड पीसी एंड पीएनडीटी एक्ट' विषय पर किया गया प्रस्तुतीकरण।

29. *हैंडबुक ऑन पीएनडीटी एक्ट 1994 एंड अमेंडमेंट्स* (संशोधित संस्करण), स्वास्थ्य एवं परिवार कल्याण विभाग, भारत सरकार।
30. www.censusindiamaps.net
31. www.constitution.org/jjr/socon_01.htm
32. www.gurbani.org/web.art69.htm
33. www.populationcommission.nic.in/npp.htm
34. www.socialwatchindia.com/mdg.htm
35. www.wadanatodoabhiyan.net